RACISMOS

CIP-BRASIL. CATALOGAÇÃO NA PUBLICAÇÃO
SINDICATO NACIONAL DOS EDITORES DE LIVROS, RJ

R119

Racismos / coordenação da coleção e organização Dagoberto José Fonseca.
- 1. ed. - São Paulo : Selo Negro, 2023.
200 p. ; 24 cm. (África, presente! : negritude e luta antirracista ; 3)

Inclui bibliografia
ISBN 978-65-998837-5-0

1. Racismo - História. 2. Identidade racial. 3. Identidade étnica. 4. Relações raciais. I. Fonseca, Dagoberto José. II. Série.

CDD: 305.8
23-85604 CDU: 316.347

Meri Gleice Rodrigues de Souza - Bibliotecária - CRB-7/6439

www.selonegro.com.br

ÁFRICA, PRESENTE!
NEGRITUDE E LUTA ANTIRRACISTA

RACISMOS

Coordenação da coleção e organização deste volume:
Dagoberto José Fonseca

SELO NEGRO EDIÇÕES

Editora executiva: **Soraia Bini Cury**
Coordenação editorial: **Carlos Tranjan / Página Viva**
Preparação: **Cely Carmo Giraldes e Mariana Marcoantonio**
Capa, projeto gráfico e diagramação: **José Rodolfo Arantes / Página Viva**
Revisão: **Andrea Souzedo e Janaína Marcoantonio**

Selo Negro Edições

Departamento editorial
Rua Itapicuru, 613 – 7º andar
05006-000 – São Paulo – SP
Fone: (11) 3872-3322
http://www.selonegro.com.br
e-mail: selonegro@selonegro.com.br

Atendimento ao consumidor
Summus Editorial
Fone: (11) 3865-9890

Vendas por atacado
Fone: (11) 3873-8638
e-mail: vendas@summus.com.br

Impresso no Brasil

Sumário

Apresentação da coleção

A **Coleção África, presente! Negritude e luta antirracista** nasce do esforço sincero, do desprendimento e da humildade de intelectuais, estudiosos, pesquisadores e professores de diversas universidades e instituições de pesquisa científica e de ensino universitário do Brasil e do exterior. A meta é problematizar, ampliar, aprofundar, construir diálogos e produzir um maior conhecimento científico sobre séculos de história, contando para isso com autores oriundos de inúmeras e variadas comunidades étnicas e culturas presentes no Brasil e em outras regiões do planeta, especialmente no continente africano.

Inspirada na coleção História Geral da África, trabalhada desde 1964 pela Organização das Nações Unidas para a Educação, a Ciência e a Cultura (Unesco), a presente coleção pretende ser um espaço de produção e divulgação do pensamento não hegemônico acerca de africanos, afro-brasileiros e indígenas, construindo assim novas categorias, outras metodologias, interpretações pioneiras, análises inéditas e conceitos autênticos da nossa realidade social.

Assim, visa legitimar o pensamento destituído de paradigmas, conceitos e metodologias euro-ocidentais e se contrapor a essas bases que tanto contribuíram para fomentar e aprofundar os racismos e suas vertentes mais funestas em todas as esferas da sociedade. É nosso objetivo também propiciar a reescrita da história dos povos escravizados — inclusive antes da chegada dos conquistadores europeus —, a fim de sistematizar os valores civilizatórios, as culturas e as formas de expressão dessa humanidade inegavelmente filha da África.

Problematizar o etnocentrismo presente na diversidade de instituições, teorias e métodos da ciência é um dos motes desta coleção, sobretudo porque boa parte do conhecimento que foi difundido e abrilhantou pessoas, instituições e agências do pensamento euro-ocidental foi aprisionada, sequestrada, pirateada, surrupiada e traficada, na maioria dos casos usurpada de forma violenta. Mais tarde, esse conhecimento se transformou em produtos patenteados em algumas poucas nações, autodenominadas desenvolvidas — as mesmas que vivenciaram por séculos a compra de corpos e de saberes de outros povos originários e de grupos etnorraciais presentes na América, na Ásia, na Oceania, na Europa eslava e, em especial, na África.

Dessa forma, os autores desta coleção, individual e coletivamente — cada um a seu modo, mas com rigor acadêmico e científico —, estão construindo cultural e politicamente uma crítica à razão euro-ocidental e abrindo um canal epistêmico para a sistematização de uma contra-hegemonia de base negra-indígena, questionadora da ciência brancocêntrica euro-americana-ocidental. Assim, trata-se de uma fortaleza dinâmica que se projeta contra os racismos embasada na ciência, com teorias sustentáveis, evidências e inferências legítimas e análises fidedignas.

É importante desfazermos erros e pseudoverdades científicas que foram construídos por séculos a fim de suprimir corpos, subjugar povos e escravizar mentes com base no uso de uma ciência cujo objetivo principal sempre foi manipular fatos em prol da hegemonia de um pequeno grupo de pessoas, quase sempre brancas. Em suma, aqui reunimos o trabalho de pesquisadores, cientistas e intelectuais de diversas áreas e nacionalidades que se dedicam a construir uma nova identidade coletiva pautada nos valores civilizatórios das negritudes antigas e novas, bem como nas lutas antirracistas que têm sido protagonistas no continente africano e nas inúmeras Áfricas que estão em tantos corpos e mentes mundo afora.

Das imemoriais pinturas rupestres aos antigos escritos decodificados em papiros, pergaminhos, paredes de rochas e cavernas, nas pedras — como no caso da Pedra de Rosetta —, e as publicações científicas atuais, impressas e digitais, revelam como o conhecimento científico produzido em vastas regiões do planeta nos leva ao legado africano para toda a humanidade de ontem, de hoje e de amanhã. Ainda assim, muitos são os que desconhecem essa realidade científica, sobretudo por não terem tido a oportunidade de aprender essa verdade quando eram estudantes dos diversos níveis de ensino. Nem mesmo no continente africano crianças, jovens e adultos têm acesso a essas informações e a uma formação científica que forneça essa aprendizagem.

É importante salientar que se construiu ao longo de séculos uma invisibilidade e um silêncio sepulcral perante o conhecimento científico, tecnológico, cultural e filosófico africano. Tanto que as conquistas e contribuições de cientistas como Cheikh Anta Diop ainda são vistas como ousadas em pleno século XXI por apresentarem as ricas e vigorosas dinastias do Egito antigo — ou melhor, as civilizações que fizeram o grande império do Kemet florir em todo seu apogeu na África setentrional e que impactam até hoje o pensamento científico e filosófico contemporâneo, atingindo em cheio a Europa, a Ásia, a Oceania e a América.

Talvez uma das formas mais emblemáticas para superar esse desconhecimento abissal sobre a centralidade africana no conhecimento humano é justamente começarmos a repensar nossa condição social, psíquica e cultural de animal que fomos, somos e estamos, como já apontaram diversos cientistas — de Charles Darwin, com sua teoria da origem das espécies, em uma perspectiva evolucionista, a Edgar Morin, com seu método da complexidade. Há também os avanços científicos e a certeza dessa verdade insofismável que nos foi dada pelos resultados colhidos em definitivo pelo Projeto Genoma e tornados públicos pelos cientistas James D. Watson, Felipe Fernández-Armesto e Luigi Luca Cavalli-Sforza, entre outros, sobre nossa monogenia — isto é, nossa origem comum africana.

Dagoberto José Fonseca

Apresentação deste volume

O terceiro volume da **Coleção África Presente! Negritude e luta antirracista** oferece reflexões críticas, conceitos e concepções que sustentaram os racismos que aqui vão sendo desnudados e denunciados como o que de fato são: crimes imprescritíveis e de lesa-humanidade. Estes foram cometidos, sobretudo ao longo dos últimos seis séculos, por nações, governos e Estados, por instituições como as igrejas cristãs, por pessoas e academias pseudocientíficas euro-ocidentais e estadunidenses. O objetivo? Apoiar a ideologia de que havia um ser superior aos outros e que ele devia dominar, aprisionar, escravizar e até matar os denominados seres inferiores (selvagens, infiéis, incivilizados) em nome de interesses escusos, nada humanos.

Os racismos, neste volume, são apontados como crimes que foram e continuam a ser cometidos tendo a sustentação de ideias, visões de mundo e teses que vêm de diversos segmentos ou áreas dos saberes teológico, filosófico, político, econômico, tecnológico, sociológico, médico, jurídico, linguístico e antropológico. Logo, estão longe de ser ingênuos e descomprometidos; há uma base pseudocientífica que criou esse caldo de cultura criminal. A denúncia, aqui trazida para o leitor, permite-nos entender, compreender, analisar, interpretar e explicar o presente momento das relações etnorraciais não só no Brasil, mas também em outras regiões do mundo, como na Europa, na África e no norte da América, posto que os racismos aqui abordados incidem especialmente nas populações negras das diversas Áfricas, seja a continental, seja a que construiu outros continentes, nos quais hoje vive.

Assim, já no primeiro capítulo, Julvan Moreira de Oliveira aborda as matrizes biológicas e epistêmicas dos racismos, demonstrando como as filosofias europeias orientaram (e foram orientadas por) interesses econômicos, comerciais, sociais e políticos de seus grupos, classes e nações, traduzindo-se também em suas ações e bases culturais, éticas e morais, posto que o fundamento era o de se sobrepor aos demais humanos existentes em outras regiões do planeta, sobretudo aos da África e aos da América, a partir do século XV. Para tanto, as ciências biológicas do século XIX foram utilizadas para avançar além do que as filosofias e as teologias dos séculos anteriores tinham estabelecido como premissas, a fim de colocar os brancos europeus em vantagem e superioridade em relação aos demais seres humanos.

No segundo capítulo, Dagoberto José Fonseca dialoga com Julvan Moreira de Oliveira e mostra como as teorias raciais elaboradas por homens brancos, majoritariamente europeus e situados nas elites econômicas, políticas e científicas do século XIX, atravessaram o século XX fazendo estragos colossais e ainda persistem no século XXI, violentando pessoas negras em diversas partes do mundo. O fato é que, embora não mais com a roupagem científica de antes, elas estão vivas em nossos dias: tornaram-se senso comum e até têm o peso de verdade para alguns grupos e classes sociais — as pessoas pensam, falam, fazem, sentem e até matam em função da ideia de que o outro (o negro, particularmente o jovem negro) pode morrer, pois é visto como inferior, perigoso e sem futuro. Em suma, o autor apresenta o racismo semântico-simbólico-cognitivo como parte de um sistema praticado à luz do dia em diversos lugares da sociedade brasileira.

No terceiro capítulo, Julio Cesar de Tavares nos apresenta outra leitura possível sobre o racismo enquanto sistema que é operado pelo conjunto complexo de redes e grupos sociais do poder político, econômico e cultural eminentemente branco, mas a que os negros dos Estados Unidos e do Brasil, na medida em que são conhecedores desse sistema de morte desde quando chegaram na condição de escravizados, constituem suas resistências, resiliências e práticas culturais que os mantêm vivos.

Antonio Carlos Lopes Petean é enfático ao demonstrar, no quarto capítulo, os horrores que o discurso racista produzido sob o manto religioso cristão provoca em diversas regiões do mundo. Aqui, ele faz um aprofundamento crítico sobre duas realidades sociais e culturais, a sociedade ruandesa e a brasileira, a fim de provar que o racismo religioso, no século XX e ainda no século XXI, atenta contra um dos direitos fundamentais do ser humano: o direito à crença. Assim, o genocídio em Ruanda em 1994 e os discursos das igrejas neopentecostais no Brasil atual dão o mote da violência e dos crimes cometidos pelo cristianismo nos dias de hoje, como os que ocorreram na Idade Média europeia, ensejando inclusive a caça aos não cristãos.

No quinto capítulo, Isadora Brandão Araujo da Silva aborda o racismo institucional, com o objetivo de explicitar como o direito e o sistema de justiça no Brasil e nos Estados Unidos estão eivados de concepções advindas das teorias raciais do século XIX, as quais conquistaram o meio jurídico a partir das teses de teóricos, sociólogos, antropólogos e filósofos das ciências sociais que estavam construindo o arcabouço legal e jurisdicional brasileiro no contexto da República. Dessa maneira, a autora denuncia o racismo institucional que está presente no Estado e em seus agentes, bem como no direito — lócus de poder usado contra a população negra com naturalidade e normalidade.

Rita Helena do E. S. Borret, Denize Ornelas P. S. de Oliveira e Roseane Maria Corrêa elaboram, no sexto capítulo, o diagnóstico de uma medicina comprometida com a morte da população negra, sobretudo de mulheres negras e de seus filhos prestes a nascer ou já nascidos. Elas o fazem por meio de pesquisas sérias, coerentes e responsáveis com a saúde pública e com a população negra. Nesse sentido, provam que o racismo na medicina e na saúde não é somente institucional, mas também epistêmico, pois está inserido nas engrenagens da cultura da morte do outro, o inventado como inferior e menos humano do que brancos, homens, jovens, adultos, heterossexuais, escolarizados e pertencentes à elite econômica e intelectual do país.

No sétimo capítulo, Julie Lourau e Mari Rosa Souza trazem uma perspectiva do racismo xenofóbico, presente no Brasil e na Europa em todo o século XX e que persiste sobremaneira em nossa contemporaneidade, atingindo as populações negras dos continentes africano e americano e fomentando as mais diversas violências e violações de direitos humanos e sociais. As autoras explicam como as teorias raciais do século XIX ganham vida nos séculos XX e XXI, especialmente depois da Segunda Guerra Mundial e da Guerra Fria, que propiciaram que diversos países africanos conquistassem sua independência, mas também geraram muitos deslocamentos populacionais para a América e para a Europa. Assim, elas demonstram como as crises humanitárias, ocorridas tanto em decorrência das guerras quanto da emergência climática em nossos dias, têm aumentado a presença do racismo xenofóbico na Europa atual, violentando migrantes e refugiados.

Rafael A. Orsi, Juliano C. Gonçalves, Érica Pugliesi e Maria Cristina F. Chade escrevem, no oitavo capítulo, sobre o racismo ambiental no contexto da catástrofe de Brumadinho (MG), ocorrida em 2019. Os autores mostram que os grupos populacionais atingidos pelas catástrofes ambientais são os que se encontram mais vulnerabilizados pelas condições econômicas, sociais, políticas e geográficas da região. Constroem, assim, as bases para que verifiquemos que não são os acasos nem as fatalidades que estão por trás de tais acontecimentos seguidos de mortes, mas o racismo ambiental — como o ocorrido em Brumadinho, que vitimou direta ou indiretamente uma imensa maioria de negros, seja com a perda da vida, seja sofrendo com os rejeitos das empresas mineradoras.

O volume 3 da **Coleção África Presente! Negritude e luta antirracista** nos faz ver e rever — e sobretudo repensar — as dinâmicas e as diferentes formas pelas quais os racismos são praticados na sociedade atual. Algo em comum em suas práticas é o fato de eles serem a expressão sistêmica e orgânica de um momento da sociedade global em que grupos humanos, classes, segmentos, pessoas, nações, governos e Estados buscam expropriar, explorar, submeter, coagir e, mais do que isso, perseguir pessoas em função de seus traços fenotípicos, sua herança genética e sua melanina, mas também de sua cultura, sua ética, sua etnia e seus valores civilizatórios.

Em suma, este volume denuncia que os crimes hediondos, imprescritíveis e de lesa-humanidade, cometidos contra outras parcelas da mesma humanidade, continuam a sê-lo por grupos que têm características fenotípicas e perfis similares aos dos que cometeram e fizeram os escravismos modernos após o século XV — e que hoje se apresentam ao mundo como pessoas, nações, grupos, segmentos, corporações e instituições honestas, ilibadas, sérias e "de bem", pois prezam por um "bem comum": a morte do seu suposto diferente.

Dagoberto José Fonseca

1. Matrizes dos racismos: o biológico e o epistêmico

Julvan Moreira de Oliveira

As ideias filosóficas e científicas inevitavelmente recebem influências econômicas, sociais, políticas e culturais, ao mesmo tempo que as justificam. Este capítulo examina os fundamentos de uma dessas ideias: os racismos presentes nos paradigmas reducionistas.

Uma das formas de racismo foi concebida pelo determinismo biológico, teoria que explica os fenômenos sociais e comportamentais a partir da dimensão biológica das pessoas. Esse pensamento está associado a uma visão reducionista, pois explica fenômenos complexos, como os relacionados à cultura, com causas simples e muitas vezes consideradas "naturais".

Segundo Almeida (2013, p. 74),

> os conceitos de natureza e cultura são, por si só, bastante complexos, ainda mais quando abordados de maneira dicotômica, o que ocorre com predominância e frequência, ainda que não explicitamente. Tal dicotomia alude a pressupostos, serve a muitos propósitos e possibilita outros tantos desdobramentos, extravasando qualquer campo do saber, seja filosófico, antropológico, psicológico, sociológico ou biológico.

O determinismo biológico, por exemplo, foi frequentemente usado por seus defensores para reduzir o comportamento social a fatores como hereditariedade, genética mendeliana ou princípios da teoria da evolução por seleção natural. Essa interpretação particular da realidade foi fundamental, no século XIX, para justificar a dominação europeia sobre suas colônias em virtude de uma espécie de "superioridade inata", atribuída tanto aos indivíduos quanto ao sistema político euro-ocidental para endossar várias formas de racismo.

A literatura especializada situa as origens do determinismo biológico no século XIX. A teoria da evolução levou a interpretações, como a de Spencer (1901), de que as teses darwinianas permitiam determinar uma lei, denominada por ele de "sobrevivência do mais apto". Spencer aplicou essa lei às relações humanas, fundando o conhecido darwinismo social.

Pouco depois da morte de Darwin, Galton (1892), inspirado nas observações de Quetelet, propõe um projeto que, imitando o mecanismo da seleção natural, buscaria a perfeição do *Homo sapiens*. Assim, ele introduz a palavra "eugenia", compreendida como a ciência que visa melhorar a linhagem humana, dando às raças mais aptas a chance de prevalecer rapidamente sobre as menos aptas.

Em 1900, Tschermak, Correns e Vries publicaram os resultados da pesquisa de Mendel, autor das que atualmente são conhecidas como "leis da hereditariedade". Essa publicação impulsionou os projetos de eugenia, que se revestiram de um novo halo de cientificidade.

As obras de Galton tiveram grande impacto no cenário político de seu tempo, levando a fenômenos como a esterilização massiva de cidadãos considerados "inferiores", promovida pelo governo dos Estados Unidos, e o surgimento de categorias como *Lebensunwertes Leben* ("vida indigna de ser vivida"), definida pelo nazista Fritz Lenz como "biologia aplicada". O conceito de "vida indigna de ser vivida" permitiu ao nacional-socialismo avançar com um projeto de *Rassenhygiene* ("higiene racial"), que visava ao extermínio de indivíduos que pertenciam a "raças inferiores" (particularmente judeus, ciganos, negros, homossexuais e pessoas com deficiências físicas e mentais).

Dessa forma, apontamos para as características definidoras desse racismo marcado pelo determinismo biológico: em primeiro lugar, a defesa reducionista do comportamento humano e da vida em sociedade, considerando-os dependentes da biologia, em que supostas diferenças "naturais" entre os indivíduos são baseadas em princípios rígidos de sistemas de classificação, sendo a raça uma categoria central; em segundo lugar, outras raças são consideradas "inferiores" à branca ou caucasiana; e, em terceiro lugar, a doutrina é apresentada como puramente racional, blindada contra as denúncias de ser uma mera expressão de preconceitos infundados ou associações espúrias.

A ideia supostamente racional da existência de raças com menor capacidade intelectual, inferiores culturalmente, foi uma justificativa recorrente para as políticas coloniais dos grandes impérios. Não queremos com isso cair num anacronismo com o conceito "determinismo biológico", uma vez que o termo "biologia", do qual o conceito deriva, só foi cunhado por Lamarck em 1809, ao propor a teoria evolutiva em seu livro *Filosofia zoológica*.

O projeto colonial de dominação teve como base a tese que recorria às características físicas dos indivíduos para explicar e justificar a natureza desigual das desigualdades entre as diversas culturas humanas, defendendo assim o intervencionismo dos poderes. Para entendermos como o determinismo biológico, por meio de suas premissas, legitimou e perpetuou as desigualdades sociais, é fundamental compreender os seus antecedentes na filosofia.

A lei da "sobrevivência do mais apto" foi formulada na segunda metade do século XIX, mas a ideia de que as relações sociais se reduzem a uma luta permanente pela sobrevivência surgiu bem antes, de mãos dadas com a ideologia burguesa.

Isso se manifestou nos primeiros tratados sobre o Estado, particularmente na obra de Hobbes (1997, p. 113) e em seu pensamento de que a existência humana é um *bellum omnium contra omnes* [uma guerra de todos contra todos], pois o "homem é o lobo do homem", levando a um estado de relações humanas de competição, desconfiança mútua e desejo de glória.

O pensamento filosófico iluminista também justificou as relações sociais burguesas e sua articulação com os novos meios de produção. Se o sistema político da Idade Média impedia a mobilidade social dos indivíduos, o Iluminismo permitiria que as diferenças naturais entre eles se manifestassem à vontade, num Estado caracterizado pelo "*Laissez faire, laissez aller, laissez passer, le monde va de lui-même*" [deixai fazer, deixai ir, deixai passar, o mundo vai por si mesmo].

É nesse sentido que procuraremos analisar a interface da filosofia iluminista com o determinismo biológico moderno e suas influências sobre os racismos, especialmente o papel da escravidão no pensamento de Locke e seu impacto na dinâmica colonial, sobretudo no que concerne à classificação das raças humanas, assim como nas ideias de Kant sobre as diferenças raciais, legitimando projetos coloniais.

Questões empíricas sobre raça

O filósofo Locke, um dos pais da teoria liberal, marcado por seu pensamento de que "os homens são livres por natureza", teve enorme influência sobre outros filósofos modernos. Crítico do despotismo, defendeu a possibilidade de o povo se rebelar contra o governante que usa seus poderes em detrimento de seus súditos, pois a justiça favorece aqueles que são vítimas de um ataque à sua vida ou à sua propriedade. Com isso, Locke parece se situar em posição oposta aos projetos típicos dos colonizadores de seu tempo, que consideravam que existem indivíduos "inferiores" que podem ser subjugados. No entanto, examinando em detalhe o seu conceito de estado de natureza, é possível observar sua marca do projeto colonial.

Em *Segundo tratado sobre o governo civil*, Locke (1994) introduz o conceito de "estado de natureza" em que vive cada indivíduo antes de ingressar numa sociedade. Nesse estado, todos desfrutam do poder de proteger sua propriedade, isto é, sua vida, sua liberdade e seus bens, diante das ameaças de outros homens.

A esse poder, presente no estado de natureza, renunciam todos aqueles que aceitam participar do corpo político. O que chama a atenção é que Locke aplica esse conceito aos habitantes das colônias. Locke cita a *História natural e moral das Índias*, do jesuíta José de Acosta[1], para afirmar que em muitas partes da América não havia nenhum governo, e refere-se também à *Historia general del Perú* [História geral do Peru], de Garcilaso de la Vega[2], propondo que naquelas regiões os homens viviam em estado de natureza.

---

1. Publicada em 1589, com o título *De natura novi orbis libri duo; et De promulgatione evangelii apud barbaros, sive De procuranda indorum salute, libri sex.*

2. Garcilaso de la Vega nasceu em Cusco, Peru, no dia 12 de abril de 1539. Filho do conquistador Sebastián Garcilaso de la Vega y Vargas (de tradicional família de Toledo, Espanha) e da princesa inca Chimpu Ocllo.

> E, a se acreditar nas palavras de José de Acosta, ele nos diz que em muitas partes da América não havia qualquer governo. "Há manifestamente grandes razões para se supor que esses homens", diz ele referindo-se aos habitantes do Peru, "durante muito tempo não tiveram nem reis nem comunidades civis, mas viviam em bandos, como atualmente os habitantes da Flórida, os cheriquanas, os povos do Brasil e de muitas outras nações, mas quando a ocasião lhes surgiu, na paz ou na guerra, escolheram seus capitães como melhor lhes pareceu". (Locke, 1994, p. 142)

Essa maneira particular de entender os povos originários americanos vivendo em estágios anteriores do desenvolvimento da sociedade ocidental fica evidente quando Locke afirma que "nos tempos primitivos todos eram uma espécie de América". Essa visão de Locke sobre os indígenas da América é característica da modernidade. Em vez de entender as civilizações não ocidentais, com suas diferentes manifestações culturais, como senhoras de seu próprio destino histórico, estas são compreendidas como modelo de um período arcaico da evolução da humanidade que os estados europeus já superaram, pois, embora atualmente tenhamos experiências de muitas sociedades simultâneas no espaço, nem todas elas são simultâneas no tempo.

Esse pensamento abriu as portas para práticas de dominação justificadas pela necessidade de ajudar esses povos a percorrer o caminho que leva à formação de associações civis e, assim, abandonar as incertezas e as dificuldades típicas do estado de natureza.

As ressonâncias dessa leitura apareceram em argumentos de que os escravizados foram removidos de suas terras por "razões humanitárias", para preservá-los da fome, do canibalismo e da precariedade.

Mais do que em sua obra, a posição de Locke sobre a questão racial encontra-se em sua biografia. Durante toda a sua vida adulta, o filósofo inglês esteve envolvido no tráfico de escravos; ele pertenceu a várias associações de escravistas do século XVII, nas quais desempenhou papel ativo como administrador e ideólogo. Teve importante participação na redação das Constituições Fundamentais da Carolina, nos Estados Unidos, documento que buscava regular diversas questões do governo naquela colônia britânica, inclusive a escravidão. Pode-se argumentar que Locke endossou a escravidão apenas porque ela foi aceita por unanimidade em seu tempo; no entanto, isso não é exato, uma vez que vários de seus contemporâneos, os quacres, por exemplo, tinham posições firmes contra o tráfico de escravos perpetrado nas novas colônias (Welchman, 2020).

A ligação de Locke com a escravidão contrasta com o que foi escrito em seu *Segundo tratado sobre o governo civil* (1994). Nessa obra, ele se refere especificamente à escravidão e aponta que ela só é legítima quando os escravizados são prisioneiros de guerra, que se privaram do direito de viver.

Locke é um personagem paradoxal, cujas teorias vão contra suas práticas pessoais. Não encontramos elementos para afirmar que sua filosofia justifique ou endosse a submissão dos habitantes das colônias. Porém, a participação desse importante pensador do liberalismo no comércio de escravos (fenômeno intimamente relacionado à questão racial) é inquestionável em nossa reflexão sobre os antecedentes do biologicismo daquela época.

O determinismo biológico como base do racismo

A forma de compreender o outro, até o século XVII, era dominada por conceitos bem diferentes daqueles da ciência "esclarecida", originada, em grande parte, das formas medievais de compreensão da realidade. Na Idade Média, abundavam os bestiários. Plínio, o Velho (2019), descreve seres monstruosos escondidos nos confins desconhecidos da Terra. Essa visão medieval foi notavelmente modificada com a descoberta da América. Colombo não encontra nas "Índias" as espécies dos bestiários medievais, mas seres humanos semelhantes a ele.

Tzvetan Todorov (1983) nos conta sobre os primeiros encontros entre Colombo e os nativos americanos, enfatizando essa dificuldade de compreender o outro. A descoberta de pessoas semelhantes a si acabou levando os europeus a uma tentativa de assimilação religiosa e cultural, à busca de uma subsunção irrestrita aos modos de ser do Ocidente.

> Os índios que encontra logo no início, a 12 de outubro de 1492, provocam uma reação do segundo tipo [reconhecer a diferença linguística e recusar-se a admitir que seja uma língua]; ao vê-los, promete: "Se Deus quiser, no momento da partida levarei seis deles a Vossas Altezas, para que aprendam a falar" (estes termos chocaram tanto os vários tradutores franceses de Colombo que todos

> corrigiram: "para que aprendam nossa língua"). Mais tarde, consegue admitir que eles têm uma língua, mas não chega a conceber a diferença, e continua a escutar palavras familiares em sua língua, e fala com eles como se devessem compreendê-lo, e censura-os pela má pronúncia de palavras ou nomes que pensa reconhecer. (Todorov, 1983, p. 30)

Os povos africanos, por sua vez, foram vistos por teólogos cristãos como os habitantes de uma terra amaldiçoada, o que justificaria sua escravização. Conforme Oliveira (2002, p. 61-3),

> as questões sobre raça e racismo no *corpus* bíblico são problemas espinhosos, albergados em densa moita de complexidades e, talvez, de nível etnológico, filológico, teológico e histórico [...]. *Aithíops* (que significa de rosto queimado) é a mais frequente tradução de *Cuch*, encontrada em tradução da Bíblia, denominada Setenta, e designa, geralmente, africanos de pigmentação escura e traços negroides. [...] Cuch é descendente de Cam. Cam é filho de Noé [...]. Cam é antepassado de Cuch. Logo, se a África é a "terra de Cuch", ela é a terra da maldição. Essa reflexão foi defendida por vários teólogos cristãos, a ponto de o padre Antônio Vieira, em seus sermões (XI e XXVIII), dizer que a África é o inferno donde Deus se digna a retirar os condenados para, pelo purgatório da escravidão nas Américas, finalmente alcançarem o paraíso.[3]

Com o projeto filosófico iluminista, a forma de abordar o outro também sofreu alterações. A tendência — evidente nos cronistas dos povos indígenas — a considerar os americanos seres inferiores, em vez de desaparecer, torna-se revigorada, endossada pelas categorias da "razão".

Dussel (2010, p. 390) identifica a filosofia de Descartes como a base que garantiu a exclusão de outras formas de pensar, na qual "o paradigma solipsis-

3. A cor preta associada à visão da queda, da perdição e do pecado no cristianismo foi aprofundada na pesquisa de mestrado *Descendo à Mansão dos Mortos... O Mal nas mitologias religiosas como matriz imaginária e arquetipal do preconceito, da discriminação e do racismo em relação à cor negra*, defendida por Julvan Moreira de Oliveira no Programa de Pós-Graduação em Educação da Universidade de São Paulo em 11 de maio de 2000.

ta da consciência, do *ego cogito*, inaugura o seu desenvolvimento esmagador, desbastador, durante a modernidade europeia posterior".

Grosfoguel (2016), por sua vez, relaciona a conquista das Américas, em que povos indígenas sofreram genocídios e epistemicídios, a três outros processos históricos com genocídios e epistemicídios que aconteceram ao longo do século XVI: a conquista de Al-Andalus, em que muçulmanos e judeus foram eliminados em nome da "pureza do sangue"; a escravização de africanos nas Américas, em que africanos foram aprisionados em seu território e escravizados; e o assassinato de centenas de mulheres que praticavam e transmitiam o conhecimento indo-europeu, queimadas vivas na Europa, acusadas de feitiçaria, gerando o que ele denomina "racismo/sexismo epistêmico".

Segundo Oyèrónkẹ́ Oyěwùmí, na sociedade iorubá, o determinismo biológico influenciou não só a questão racial como a de gênero. Ela descreve como a imposição de categorias ocidentais influenciou as relações sociais dos iorubás, impondo uma compreensão moderna de gênero, a qual demonstra que, no interior da hierarquia criada durante a colonização, as mulheres brancas experimentaram uma forma de discriminação, enquanto as mulheres não brancas foram discriminadas duas vezes: como mulheres e como não brancas. Nesse sentido, discussões sobre o ponto em que as sociedades não ocidentais se tornaram patriarcais, bem como descrições de culturas nas quais os entendimentos de gênero diferem dos ocidentais, ocupam um lugar importante.

A linguagem científica foi entendida como um reflexo da própria linguagem da razão, o que permitiu não só a inoculação de preceitos derivados dessa pretensa linguagem universal, mas também o estudo, a classificação e a manipulação de indivíduos e manifestações culturais indígenas à luz dos mesmos padrões. Isso levou ao exercício de uma violência epistêmica que procurava eliminar as formas consideradas "ilegítimas" de conhecer, substituindo-as pela lógica da modernidade. Os conquistadores aproveitaram os discursos da ciência moderna para exercer controle racional sobre a população e o território.

Talvez a tentativa mais notável de incorporar a questão da raça nos padrões da ciência esteja representada nos projetos de classificação dos diferentes "tipos" de indivíduos. Essa tradição começa com o aparecimento do *Systema Naturae*, de Lineu, publicado em 1758. Além de ordenar as espécies vegetais e animais, Lineu foi o primeiro a catalogar, formalmente, o que hoje ficou conhecido como raças, como afirma Munanga ([s.d.]):

> Na história das ciências naturais, o conceito de raça foi primeiramente usado na Zoologia e na Botânica para classificar as espécies animais e vegetais. Foi neste sentido que o naturalista sueco Carl von Linné, conhecido em português como Lineu (1707-1778), o usou para classificar as plantas em 24 raças ou classes, classificação hoje inteiramente abandonada.

Esses empregos são um marco na construção da "consciência planetária" do europeu, que usa a história natural não apenas para compor uma cartografia do diferente, mas para construir sua própria identidade. Assim, a tese de Lineu tornou-se um elemento básico na construção do eurocentrismo moderno.

> Com efeito, na sua classificação da diversidade humana, Lineu divide o *Homo sapiens* em quatro raças:
>
> Americano, que o próprio classificador descreve como moreno, colérico, cabeçudo, amante da liberdade, governado pelo hábito, tem corpo pintado.
>
> Asiático: amarelo, melancólico, governado pela opinião e pelos preconceitos, usa roupas largas.
>
> Africano: negro, flegmático, astucioso, preguiçoso, negligente, governado pela vontade de seus chefes (despotismo), unta o corpo com óleo ou gordura, sua mulher tem vulva pendente e quando amamenta seus seios se tornam moles e alongados.
>
> Europeu: branco, sanguíneo, musculoso, engenhoso, inventivo, governado pelas leis, usa roupas apertadas.
>
> Como Lineu conseguiu relacionar a cor da pele com a inteligência, a cultura e as características psicológicas num esquema sem dúvida hierarquizante, construindo uma escala de valores nitidamente tendenciosa? (Munanga, [s.d.])

No *Systema Naturae*, o nome "Homo sapiens" foi introduzido para designar a nossa espécie, humana, dividida, por sua vez, em seis raças: o homem selvagem, relacionado com as criaturas dos antigos bestiários; o americano, obstinado e regulado pelos costumes; o homem europeu, branco, bondoso e regido por leis; o homem asiático, sombrio, taciturno, arrogante, ganancioso e governado por opiniões; e o africano, negro, fleumático, relaxado, astuto, indolente, negligente, de corpo lubrificado e governado por caprichos. Resumindo, uma obra bastante explícita da naturalização do mito da superioridade europeia.

Embora apareça revestida de certa ingenuidade, como uma mera taxonomia sem pretensões políticas, essa classificação acabou sendo usada para justificar os projetos etnocêntricos de dominação. Podemos dizer que, embora o preconceito racial seja tão antigo quanto a história humana por nós conhecida, sua justificativa a partir da biologia colocou intrinsecamente os povos não ocidentais como grupos desprezados no fardo adicional da inferioridade, eliminando a possibilidade de que estes fossem resgatados por conversão ou assimilação.

Uma das manifestações mais influentes da tendência à gradação dos diferentes tipos humanos é a disciplina conhecida como biometria, centrada primeiramente na medição de crânios, pois relacionava o tamanho do cérebro com a inteligência do indivíduo.

Teóricos biométricos compartilham com Galton, pai da eugenia, seu interesse em um exame detalhado das características raciais associadas a comportamentos desejáveis ou indesejáveis, e também um preconceito racista, com sutis, mas significativas, modificações nos dados empíricos para fazê-los coincidir com sua visão das raças superiores e inferiores.[4]

Galton apontou que a seleção natural intervém no ser humano da mesma forma que em outras espécies, pois, assim como o homem obteve raças extraordinárias de cavalos e cães, a raça humana poderia ser melhorada pelo controle da reprodução. Para Galton (1892), eram transmitidas por hereditariedade não só as características físicas do ser humano, mas também as habilidades, a inteligência e os fatores comportamentais.

Nesse sentido, Galton considerou a necessidade de antecipar o lento e constante processo da seleção natural, estudada por seu primo Darwin, defendendo a eliminação das constituições fracas e dos instintos ignóbeis e despre-

---

4. As novas tecnologias, como os algoritmos de reconhecimento facial, que são acusados de atingir pessoas negras, fortalecem um sistema de aplicação da lei com uma longa história de vigilância racista e antiativista. Variadas pesquisas têm apontado taxas de erro entre grupos demográficos, particularmente entre mulheres negras.

zíveis, preservando os fortes, nobres e sociais. Ele cunhou o termo "eugenia" como a ciência do aperfeiçoamento da raça humana. A eugenia seria o meio pelo qual a ciência cooperaria com as obras da natureza, garantindo que a humanidade fosse representada por raças mais aptas.

Nesse caminho, em 1839, Morton publicou *Crania americana*, no qual analisou uma coleção de crânios de diversas origens, concluindo que os caucasianos apresentam maior capacidade intelectual, enquanto os indígenas americanos e os etíopes têm os menores crânios, aos quais ele atribui uma capacidade intelectual inferior.

De acordo com Gould (2014, p. 42):

> [Os quadros comparativos que Morton publicava em suas obras] representam a maior contribuição da poligenia americana aos debates sobre a hierarquia social, e sobreviveram à teoria das criações em separado, tendo sido reimpressos em várias ocasiões, durante o século XIX, considerando-se os dados neles apresentados como "sólidas" e irrefutáveis provas do diferente valor mental das raças humanas. É desnecessário dizer que esses dados coincidiam com os preconceitos de todo bom ianque: os brancos acima, os índios no meio, e os negros abaixo; e, entre os brancos, os teutônicos e os anglo-saxões acima, os judeus no meio, e os indianos abaixo.

Classificações raciais desse tipo atingem seu clímax na obra *Ensaio sobre a desigualdade das raças humanas*, de Gobineau (2022), que defendia a superioridade da raça ariana ou indo-europeia enquanto via as outras como claramente inferiores (Munanga, 2004, p. 47-50). Além disso, para Gobineau, qualquer cruzamento inter-racial levava necessariamente à degeneração.

> Oracy Nogueira opera uma grande distinção entre os Estados Unidos e o Brasil, baseada na existência, no primeiro caso, de uma linha de cor que separa brancos e não brancos e, no segundo caso, de uma zona intermediária, fluida, vaga, que flutua até certo ponto ao sabor do observador ou das circunstâncias. No último caso, os mestiços com traços negroides disfarçáveis, principalmente quando portadores de atributos que implicam *status* médio ou elevado (diploma de curso superior, riqueza e outros), podem ser incorporados no grupo branco. (Munanga, 2004, p. 95)

Assim como se buscam as leis que regem o macrocosmo ou universo físico, a razão busca princípios análogos que regulam o mesocosmo, representado pelas comunidades organizadas de homens. Os acontecimentos políticos aspiram a ser governados pelas regras da razão, e, como essas normas não vêm de opinião ou de convenções, justifica-se impô-las a outras culturas. Autores como Robert Jackson (2007), ao analisar o papel, por exemplo, da denominação "índio", aplicada aos habitantes da América colonial espanhola, mostraram a influência dos projetos de taxonomia racial na conformação de uma sociedade rígida, no novo mundo, que definiu a identidade com base no pertencimento a um ou outro grupo social, onde cada um tinha direitos e obrigações diferentes, segundo as condições de seu nascimento.

A negação do ontológico no humano não ocidental

Ao nos aprofundarmos na filosofia kantiana e em sua classificação das raças, especialmente dos africanos e dos povos originários da América, veremos quanto o seu pensamento contribuiu para a imagem que a Europa da modernidade construiu sobre si mesma e sobre os "outros".

O interesse de Kant pela classificação das raças está ligado ao seu estudo de duas disciplinas que, tradicionalmente, têm sido consideradas marginais em sua filosofia: antropologia pragmática (2006) e geografia física (1999). Nessas obras, Kant elabora uma hierarquia racial afirmando que, na raça branca, a humanidade encontra sua maior perfeição, enquanto os amarelos têm talento inferior e os negros, ainda mais inferior; abaixo de todos, porém, está uma parcela da população indígena.

Sua posição sobre os povos nativos das Américas, colocados no último degrau de sua classificação, vem com o argumento de que pertencem a uma raça muito fraca para o trabalho duro, muito indolente para o trabalho perseverante e incapaz para qualquer cultura, estando abaixo dos pretos.

> Autores como Immanuel Kant (1724-1804), David Hume (1711-1776), Alexis de Tocqueville (1805-1859), Auguste Comte (1798-1857), Montesquieu (1689--1755), Voltaire (1694-1778), Georg Wilhelm Friedrich Hegel (1770-1831), que detinham e detêm um *status* privilegiado no pensamento moderno contem-

porâneo, estavam "convencidos da inferioridade congênita dos negros". (Oliveira e Nascimento, 2016, p. 182-3)

Para Hume, os negros, por natureza, não têm um sentimento que se eleve acima do trivial. Segundo ele, entre os milhares de negros retirados da África, não há um único deles que tenha demonstrado talentos, que tenha um papel importante na arte ou na ciência ou que apresente alguma outra habilidade valiosa; enquanto, entre os brancos, acontece que, partindo dos estratos mais baixos, se elevam e adquirem uma reputação favorável no mundo. Em seu ensaio *Of national characters*, de 1748, Hume conclui que é essencial a diferença entre esses dois gêneros humanos, sendo tão grandes as diferenças com respeito às faculdades espirituais quanto em relação à cor.

Kant retira suas conclusões não da indução feita por Hume, que afirma que ao longo da história não houve nenhum civilizado que não fosse branco, mas de uma teoria segundo a qual certas raças não podem, em princípio, se desenvolver como outras, elaborando uma justificativa filosófica para o racismo de caráter biológico.

O pensamento de Kant exibe uma das características que atribuímos ao pensamento moderno, o biologicismo, onde a natureza imóvel determina a existência de diferentes tipos humanos, cujas características intelectuais e morais são determinadas por seu lugar numa hierarquia que privilegia a raça branca, e cujo destino histórico parece selado pelas máximas da razão pura. Nesse sentido, podemos afirmar que a filosofia kantiana legitimava uma doutrina de superioridade racial.

Há quem argumente que a hierarquia racial kantiana constituiu um elemento periférico na vida intelectual do filósofo, do que discordamos, pois em sua trajetória acadêmica Kant ensinou antropologia pragmática e geografia física, sendo um dos principais promotores da inclusão desses cursos no currículo das universidades alemãs.

Kant subscreveu a doutrina conhecida como monogenismo, que sustentava que todas as raças humanas compartilham uma origem comum, em contraposição à poligenia. O monogenismo iluminista justificou-se, primeiro, na leitura da Bíblia, pois o Gênesis narra a origem do homem em um único ato criativo. O monogenismo se baseava em uma definição de "espécie" que agora é conhecida como seu "conceito biológico", cujos adeptos defendem que, desde que haja hibridização satisfatória entre dois espécimes que dê origem a descendentes férteis, estes são considerados parte da mesma espécie.

No entanto, apesar da defesa do monogenismo, da origem comum das diversas "raças" humanas, para Kant, umas são inferiores a outras. De fato, certos pensadores do darwinismo social defendem a origem única da espécie humana e, ao mesmo tempo, que algumas raças são menos evoluídas.

Há os que procuram dissociar a hierarquia racial kantiana do resto da sua filosofia, com o argumento de que suas considerações sobre raça não afetam o núcleo central de seu pensamento moral, o "imperativo categórico". É importante lembrar que o imperativo categórico é determinado pela razão pura, em oposição à questão da inferioridade das raças, que pertence ao reino dos fenômenos e só é conhecido *a posteriori*.

Além disso, ao se referir ao imperativo, Kant fala especificamente da "igualdade dos seres racionais", o que implica que tenhamos uma compreensão sobre a ideia kantiana de pessoa. "Pessoa" é um conceito que, em filosofia, tem uma variedade de significados, tanto em Platão, Aristóteles, Agostinho de Hipona, Tomás de Aquino, Descartes e Hume, como em Kant.[5]

Em Kant, "pessoa" indica seres com certo nível de inteligência e capacidade de maturidade moral, e a brancura é um pré-requisito necessário para ser uma pessoa no sentido mais amplo da palavra.

Embora a moralidade em Kant seja um *a priori*, o fato de todos os humanos serem seres não o é, pois o requisito racional é *sine qua non* para acessar a condição de pessoa. Desse ponto de vista, Kant não concebeu os negros e os indígenas americanos como incluídos no conceito de pessoa.

Podemos concluir que o projeto kantiano de uma hierarquia racial, juntamente com sua consideração da inferioridade natural de certas raças, afeta profundamente sua filosofia moral. Em outras palavras, uma leitura kantiana do problema do outro condicionou a forma de julgar as raças colonizadas, não só porque o projeto cosmopolita implica integrá-los em um modelo racional universal, como o único possível, mas porque essa integração é subordinada às

---

5. Uma síntese das concepções de "pessoa" pode ser encontrada em Abbagnano (2007, p. 888-90) e Oliveira (2019).

características intrínsecas de cada um desses grupos humanos, que supõem a superioridade da raça branca.

Por uma descolonização epistêmica

O racismo epistêmico, presente na filosofia e nas ciências, é perpetrado por pesquisadoras e pesquisadores que se encontram em instituições do centro do poder, perpetuando a lógica do não reconhecimento e da destruição epistêmica levada a cabo particularmente na América Latina e/ou na África, e tem suas ramificações na inferiorização dos saberes.

Nessa perspectiva, Grosfoguel (2016 p. 26-7) aponta que as epistemologias fundantes das universidades ocidentalizadas foram produzidas por homens de apenas cinco países: França, Alemanha, Inglaterra, Estados Unidos e Itália:

> Como foi possível que os homens desses cinco países tenham alcançado tal privilégio epistêmico ao ponto de que hoje em dia se considere o seu conhecimento superior ao do resto do mundo?
>
> Como eles conseguiram monopolizar a autoridade do conhecimento do mundo?
>
> Por que o que hoje conhecemos como teoria social, histórica, filosófica, econômica ou crítica se baseia na experiência sócio-histórica e na visão de mundo de homens destes cinco países?
>
> Como é que no século XXI, com tanta diversidade epistêmica existente no mundo, estejamos [*sic*] ancorados em estruturas epistêmicas tão provincianas camufladas de universais?

A alteração dessa cartografia é fundamental para a superação do racismo epistêmico, incorporando as categorias de pensamento das cosmovisões dos povos originários da América Latina, da África e da Ásia, com objetivo de superar o que aponta Oliveira (2009, p. 1):

> As ideias pedagógicas estudadas no Brasil têm suas raízes na filosofia ocidental. Nessa perspectiva, outros valores civilizatórios, como os africanos, são excluídos da pedagogia, assim como da filosofia, da psicologia, da física, da bio-

logia etc. As culturas africanas são consideradas apenas como do campo da etnografia e, em alguns casos, da sociologia e da história. Há um desconhecimento sobre a forma de pensar, sobre a visão de mundo, sobre uma educação fundada na cultura mítico-filosófica africana.

Nos currículos dos cursos de nossas universidades, pensadoras e pensadores de origem africana e afrodiaspórica ainda são invisibilizados, tais como: Achille Mbembe, Aimé Césaire, Alexis Kagame, Amadou Hampâté Bâ, Beatriz Nascimento, Ben Oguah, Cheikh Anta Diop, Edimilson de Almeida Pereira, Fabien Eboussi Boulaga, Frantz Fanon, Ifi Amadiume, John Mbiti, José Castiano, Joseph Ki-Zerbo, Kabengele Munanga, Kwame Appiah, Kwasi Wiredu, Lélia Gonzalez, Léopold Sédar Senghor, Marcien Towa, Mogobe Ramose, Molefi Asante, Muniz Sodré, Oyèrónkẹ́ Oyěwúmí, Paulin Hountondji, Petronilha Beatriz Gonçalves e Silva, Severino Ngoenha, Sueli Carneiro, Théophile Obenga, Valentin-Yves Mudimbe e William DuBois, entre outros.

Nós compreendemos que promover os saberes, as filosofias e as epistemologias produzidas por intelectuais de origem africana e indígena requer uma intersubjetividade implícita nas relações de dois setores: de um lado os promotores, como as agências, que detêm o poder, possuindo os recursos e dominando as normas; do outro, as pessoas e as comunidades tradicionais, que estão desprovidas de poder, necessitando de auxílios para o desenvolvimento de suas pesquisas.

Nessa dimensão de poder, são sempre os mesmos que direcionam o que deve ser pesquisado e o que deve ser ensinado em nossas universidades, os quais, às vezes, chegam a reproduzir conhecimentos obtidos anteriormente por pesquisadores da África e da América Latina, conhecimentos estes que só passam a ser reconhecidos quando expostos pelos brancos, existindo uma correlação de forças opostas.

Enfim, o campo da pesquisa científica é de uma prática social, uma experiência complexa e contraditória, com permanente resistência que se manifesta no mundo das relações intersubjetivas. Compreendê-lo requer uma análise das relações entre quem propõe e implementa as ações e os “outros”, cuja vida é interposta. Resumindo, há um processo contínuo de relações de poder entre aqueles que propõem e aqueles que têm um relacionamento de troca passivo, subordinado, mesmo que crítico, com quem financia os programas e projetos.

Alguns intelectuais afirmam que vivemos um momento histórico pós-colonial. Para Carvalho (2020), a pós-colonialidade surgiu com autores indianos, como Ranajit Guha, Homi Bhabha, Gayatri Spivak, bem como pelo palestino Edward Said, mas foi desenvolvida na Inglaterra, ou seja, produzida nas universidades localizadas em um dos países que detêm o poder econômico e político.

Isso significa, para alguns, um período marcado pelo fim da colonização, pela abertura cultural e pelo reconhecimento da diferença nas dimensões ética e política das ex-colônias. Porém, se por um lado é questionável que a colonização realmente tenha acabado, por outro, tal abertura cultural e tal reconhecimento não são praticados no campo epistemológico, sendo também seriamente duvidoso que o seja nas outras dimensões.

Visando à produção do conhecimento nos países periféricos, segundo Carvalho (2020), surgiu a teoria decolonial, com base em autores como Walter Mignolo, Enrique Dussel, Aníbal Quijano, Catherine Walsh, Ramón Grosfoguel e Nelson Maldonado-Torres.

Do ponto de vista do conhecimento, considerando a pós-colonialidade e/ou a de(s)colonialidade, podemos afirmar que vivemos na era dos especialistas que produzem conhecimento em determinadas universidades, e que é evidente o pareamento saber/poder.

A confiança que depositamos nos especialistas revela a tendência científica que impera no nosso cotidiano e sugere que a ciência é a única forma legítima de saber, ou pelo menos a única que dá garantias. Acredita-se que a ciência seja produto de uma tarefa desinteressada e objetiva, principalmente as ciências que explicam os fenômenos naturais. Um exemplo disso é a competição que ocorre, dentro e fora das universidades, pelas patentes desta ou daquela descoberta técnico-científica. Essa competição leva os cientistas a ocultar informações, a disfarçar suas conclusões para favorecer quem financia suas pesquisas ou até mesmo a recorrer ao descrédito de outros. A ciência continua a ocupar o lugar privilegiado entre todos os saberes produzidos, e a figurar como o saber legítimo por excelência.

Tal situação lembra as duas metanarrativas que Lyotard (2009) examina sobre a legitimação do conhecimento e que, sem dúvida, respondem à lógica dualista da modernidade: a da educação do povo, que consiste na diversificação das ciências em prol do desenvolvimento material para uso de toda a humanidade; e a do progresso moral da humanidade. Neste último, a função da universidade não seria apenas formar profissionais, mas principalmente formar humanistas.

Com base em Carvalho (2020), compreendemos dois elementos comuns às metanarrativas: primeiro, a estrutura arbórea do conhecimento; segundo, o reconhecimento da universidade como lugar privilegiado do conhecimento. Por certo, a universidade foi o organismo encarregado de dar legitimidade a todos os tipos de conhecimento, de discernir entre o conhecimento "científico" e o "pré-científico", tornando-se a instituição guardiã de uma "verdade" escrita alfabeticamente, em uma linguagem adequada para abstração e, claro, objetiva e universal.

Ao analisarmos os "mitos" fundadores das disciplinas, encontraremos a seguinte singularidade colonial: a maioria dos autores, ou quase a totalidade deles, é formada por homens brancos e europeus. Podemos dizer, então, que existe uma "cor" que gera e organiza o conhecimento, seja ele filosófico ou científico.

O ensino superior foi pensado, desde sua fundação, como um privilégio da pequena elite que detinha o poder — privilégio que se institucionalizou como condição para ingressar nas primeiras instituições de ensino superior. Na colônia, as universidades eram exclusivas de pequenos grupos que controlavam a economia e a política. Para a maioria da população, a educação não era necessária; bastava trabalhar.

Hoje, os que estão dispostos a investir grandes somas de dinheiro em pesquisa científica não são os Estados, mas instituições privadas ligadas a grandes empresas financeiras. Isso revela que o conhecimento hegemônico, neste momento, não é mais aquele que é produzido somente nas universidades e atendendo aos interesses do Estado, mas aquele que é produzido na empresa transnacional. A universidade perde, assim, seu *status* de superintendente do conhecimento, tornando-se corporatizada, ou seja, uma empresa que deixa de lado as duas grandes metanarrativas, servindo apenas para a planetização do capital. É a universidade que, ao produzir pesquisas especializadas, patentear conhecimento etc., objetiva classificar-se entre as melhores, para que mais capital seja injetado nela.

Carvalho (2020) propõe uma descolonização dos modelos existentes, que aconteceria num duplo movimento: na desvinculação do mandato introjetado de repetir o padrão epistêmico ocidental como única referência de conhecimento; e na refundação da universidade, na construção de um novo pacto entre todos os grupos e comunidades que compõem a sociedade, ou seja, brancos, negros e indígenas, com todos os seus saberes, escritos e orais.

Dois movimentos de descolonização do padrão racista e etnocêntrico do mundo acadêmico surgiram no início dos anos 2000, segundo Carvalho (2000). O primeiro foi a luta pelas cotas para negros e indígenas, iniciada em 1999, tendo as primeiras universidades aprovado cotas no ano de 2002.[6] Foi um longo período de debates nacionais, até a sua aprovação na Lei Federal n. 12.711, em 2012, que ampliou a medida para todas as universidades federais (Carvalho, 2016).

O segundo foi o questionamento intelectual e político do currículo colonizado. E uma das manifestações surgidas foi o Encontro de Saberes, promovendo a inclusão de mestres e mestras dos povos e comunidades tradicionais entre os docentes das universidades (Carvalho e Flórez, 2014).

O Encontro de Saberes desafia os acadêmicos na defesa de uma universidade pluriepistêmica, acolhendo todos os nossos horizontes de conhecimentos: indígenas, africanos, afro-brasileiros, quilombolas, ocidentais, das culturas populares. Mestres e mestras negros, indígenas e quilombolas foram admitidos como docentes.[7]

Os desafios para romper com o racismo epistêmico são enormes. Algo como uma decolonialidade da universidade implicaria uma virada em direção aos "outros paradigmas", a partir dos quais o húbris ocidental seria revelado e o ser humano seria visto novamente de maneira diversa. Acreditamos que essa reforma possa começar pela universidade, já que ela é provedora de educadores em todos os níveis de ensino.

---

6. As primeiras universidades a adotar ações afirmativas para o acesso de pessoas negras foram as dos estados da Bahia e do Rio de Janeiro, em 2002. As primeiras federais foram a de Brasília, em 2004, e a de Juiz de Fora, no mesmo ano.

7. O Encontro de Saberes teve início em 2010, na Universidade de Brasília, com mestres indígenas e quilombolas lecionando. Foi replicado no doutorado em Estudos Culturais, na Pontificia Universidad Javeriana, na Colômbia, e se expandiu para nove universidades no Brasil, com apoio do Ministério da Cultura: em 2014, foi implementado nas universidades federais de Minas Gerais, de Juiz de Fora, do Pará e do Cariri, e na Universidade Estadual do Ceará; em 2016, na Universidade Federal do Rio Grande do Sul; e, em 2017, na Universidade Federal Fluminense. Não teve apoio do governo eleito em 2018, que ficou no poder entre 2019 e 2022.

Considerações finais

Estas poucas linhas procuraram explorar os antecedentes filosóficos e científicos, especificamente do determinismo biológico e da filosofia moderna, que permitiram a formação de uma imagem das colônias vista da Europa, ajudando a estabelecer a própria identidade das potências em seu trânsito pela modernidade.

No pensamento classificador de cientistas e filósofos, a raça — categoria favorita dos biólogos — assumiu o papel de dispositivo de aculturação e dominação. Para isso, colaborou a influência de conceitos "racionais" sobre superioridade e inferioridade racial presentes na gênese das teorias do Estado moderno.

Uma análise à luz da atualidade nos permite compreender que as obras apresentadas neste trabalho foram objeto de leituras que enfatizavam sua defesa da liberdade e da igualdade entre os indivíduos e, ao mesmo tempo, de interpretações que reforçavam o preconceito racial contra os povos não europeus, com enormes consequências políticas. Essas reflexões não procuram minar o papel fundamental do pensamento iluminista na gênese dos modernos Estados de direito, mas explorar uma faceta menos conhecida do mesmo pensamento, visando contribuir para a construção da nossa consciência histórica na luta contra os racismos.

Referências bibliográficas

ABBAGNANO, Nicola. *Dicionário de filosofia*. São Paulo: Martins Fontes, 2007.

ALMEIDA, Rogério de. "Notas sobre os conceitos de natureza e cultura". In: ALMEIDA, Rogério de; SANCHEZ, Janina; SAURA, Soraia Chung (orgs.). *Interculturalidade, museu e educação*. São Paulo: Laços, 2013, p. 74-95.

CARVALHO, José Jorge de. *A política de cotas no Ensino Superior*: ensaio descritivo e analítico do mapa das ações afirmativas no Brasil. Brasília: Instituto de Inclusão no Ensino Superior e na Pesquisa, Universidade de Brasília, 2016.

______. "Encontro de saberes e descolonização: para uma refundação étnica, racial e epistêmica das universidades brasileiras. In: BERNARDINO-COSTA, Joaze;

MALDONADO-TORRES, Nelson; GROSFOGUEL, Ramón. *Decolonialidade e pensamento afrodiaspórico*. Belo Horizonte: Autêntica, 2020, p. 79-106.

CARVALHO, José Jorge de; FLÓREZ, Juliana Flórez. "Encuentro de saberes: proyecto para decolonizar el conocimiento universitario eurocéntrico". In: *Nómadas*, Bogotá, n. 41, jul.-dez. 2014, p. 131-47. Disponível em: https://www.redalyc.org/articulo.oa?id=105133774009. Acesso em: 3 nov. 2022.

DUSSEL, Enrique. "Meditações anticartesianas sobre a origem do antidiscurso filosófico da modernidade". In: SANTOS, Boaventura de Sousa; MENESES, Maria Paula (orgs.). *Epistemologias do Sul*. São Paulo: Cortez, 2010, p. 341-95.

GALTON, Francis. *Hereditary genius*. Londres; Nova York: Macmillan & Co., 1892. Disponível em: https://galton.org/books/hereditary-genius/text/pdf/galton1869-genius-v3.pdf. Acesso em: 12 set. 2022.

GOBINEAU, Arthur de. *Ensaio sobre a desigualdade das raças humanas*. Curitiba: Antônio Fontoura, 2022.

GOULD, Stephen Jay. *A falsa medida do homem*. São Paulo: Martins Fontes, 2014.

GROSFOGUEL, Ramón. "A estrutura do conhecimento nas universidades ocidentalizadas: racismo/sexismo epistêmico e os quatro genocídios/epistemicídios do longo século XVI". *Sociedade & Estado*, Brasília, v. 31, n. 1, jan.-abr. 2016, p. 25-49. Disponível em: https://periodicos.unb.br/index.php/sociedade/article/view/6078. Acesso em: 11 ago. 2022.

HOBBES, Thomas. *Leviatã, ou a matéria, forma e poder de um Estado eclesiástico e civil*. São Paulo: Nova Cultural, 1997. (Coleção Os Pensadores).

HUME, David. *Essays*: moral, political and literary. Londres, 1882. Disponível em: https://oll.libertyfund.org/title/hume-essays-moral-political-literary-lf-ed. Acesso em: 12 set. 2021.

JACKSON, Robert H. "La raza y la definición de la identidad del 'indio' en las fronteras de la América española colonial". *Revista de Estudios Sociales*, v. 26. abr. 2007, p. 116-25. Disponível em: http://journals.openedition.org/revestudsoc/20867. Acesso em: 15 jan. 2023.

KANT, Immanuel. *Antropologia de um ponto de vista pragmático*. São Paulo: Iluminuras, 2006.

______. *Géographie*. Physische Geographie. Paris: Aubier, 1999.

LOCKE, John. *Segundo tratado sobre o governo civil*: ensaio sobre a origem, os limites e os fins verdadeiros do governo civil. Petrópolis: Vozes, 1994.

LYOTARD, Jean-François. *A condição pós-moderna*. Rio de Janeiro: José Olympio, 2009.

MUNANGA, Kabengele. *Rediscutindo a mestiçagem no Brasil*: identidade nacional versus identidade negra. Belo Horizonte: Autêntica, 2004.

______. "Uma abordagem conceitual das noções de raça, racismo, identidade e etnia". Palestra proferida no 3o Seminário Nacional de Relações Raciais e Educação – Penesb/RJ, 5 nov. 2003. Disponível em: https://www.geledes.org.br/wp-content/uploads/2014/04/Uma-abordagem-conceitual-das-nocoes-de-raca-racismo-dentidade-e-etnia.pdf. Acesso em: 15 jan. 2023.

OLIVEIRA, Julvan Moreira de. "Educação e africanidades: contribuições do pensamento de Kabengele Munanga". *32ª Reunião da Anped — Sociedade, Cultura e Educação.* Caxambu: Associação Nacional de Pós-Graduação e Pesquisa em Educação, out. 2009. Disponível em: http://32reuniao.anped.org.br/arquivos/trabalhos/GT21-5390--Int.pdf. Acesso em: 11 ago. 2022.

______. "A concepção de pessoa na perspectiva afrodiaspórica". *Problemata*, João Pessoa, v. 10, n. 2, 2019, p. 43-55.

______. "Uma leitura do racismo a partir das narrativas bíblicas". In: CATANI, Afrânio; PORTO, Maria do Rosário Silveira; PRUDENTE, Celso (orgs.). *Negro, educação e multiculturalismo*. São Paulo: Panorama, 2002, p. 61-73.

OLIVEIRA, Julvan Moreira de; NASCIMENTO, Sérgio Luis do. "A construção do legado: a negação de uma epistemologia filosófica africana". *Revista ABPN*, Curitiba, v. 8, n. 19. mar.-jun. 2016, p. 177-94. Disponível em: https://abpnrevista.org.br/site/article/view/31. Acesso em: 11 ago. 2018.

OYĚWÙMÍ, Oyèrónkẹ. *A invenção das mulheres*: construindo um sentido africano para os discursos ocidentais de gênero. Rio de Janeiro: Bazar do Tempo, 2021.

PLÍNIO, O VELHO. *História Natural*: livro I, livro II. [S.l.]: Antônio Fontoura, 2019.

TODOROV, Tzvetan. *A conquista da América*: a questão do outro. São Paulo: Martins Fontes, 1983.

WELCHMAN, Jennifer. "Locke on slavery and inalienable rights". *Canadian Journal of Philosophy*, Guelph, v. 25, n. 1, 1o jan. 2020, p. 67-81. Disponível em: https://doi.org/10.1080/00455091.1995.10717405. Acesso em: 15 jan. 2023.

2. O racismo semântico-simbólico--cognitivo: "ciência" que fere e mata

Dagoberto José Fonseca

Durante o século XX, em função das teorias raciais do século XIX, muitos estudiosos explicaram os problemas sociais das Américas e da África e, ainda, justificaram o desenvolvimento econômico, a evolução científica e o progresso cultural e tecnológico da Europa ocidental baseando-se em supostos e diferentes períodos étnicos ou etapas rumo à civilização pelas quais passariam todas as sociedades.

Na atualidade, as teorias chamadas de pseudocientíficas, mesmo superadas pelo tempo social, histórico, cultural e científico, ainda marcam o presente com ferro quente. Elas mostram sua força no cotidiano e no senso comum de maneira avassaladora, justamente porque foram propostas por pessoas que portavam certa relevância política e econômica e atingiram os mais humildes dos seres da hierarquia social — o povo simples e trabalhador —, e muitos a assimilaram como verdade. Até a primeira metade do século XX, mesmo com os movimentos pós-Segunda Guerra Mundial e capitaneadas pela Declaração das Raças da Unesco, em 1950, essas teorias não perderam seu elã.

O que se constata é que elas não eram apenas teorias, mas desde antes do século XIX se configuraram como fenômenos sociais e processos histórico-culturais que tinham uma base ideológica difundida pelos grupos políticos e econômicos hegemônicos centrados na lógica de manutenção do poder, sustentada especialmente pela exploração de pessoas, sociedades e territórios na África, na América, na Ásia e na Oceania.

O fato de que o racismo continua presente nas sociedades industriais e científicas da atualidade, voltadas para o conhecimento e assentadas em teorias diversas e paradigmas plurais, leva-nos a constatar que ele não pode ser analisado, interpretado, compreendido, explicado ou justificado como uma simples teoria que visa abordar as questões atinentes ao século XIX. Ao contrário, o racismo é um fenômeno sociopsíquico e tem bases em processos histórico-culturais e político-econômicos. Ele não é nem pode ser visto como fenômeno isolado e ensimesmado; é um processo, e, sendo mutante, se transforma de modo dinâmico com sua ação maleável, se modifica no jogo das relações sociais e culturais mais amplas, como um sistema complexo e multifacetado.

Não podemos reduzi-lo a um aspecto específico, traçando um paralelo analítico ou interpretativo de que ele tenha apenas uma origem social ou uma estrutura fixa. O racismo precisa ser concebido como tendo em si uma dimensão diversificada — fruto das muitas violências que vão sendo praticadas no jogo da vida em sociedade. Ele se transforma e ganha novas bases e nomenclaturas, tais como as que estão presentes na atualidade: racismo epistêmico, racismo sistêmico, racismo algorítmico, racismo institucional, racismo religioso, racismo ambiental e racismo fiscal-tributário são alguns exemplos; há outros que apontam a não existência de um único racismo, mas vários racismos e com diversos desdobramentos violentos. Porém, o seu cerne é o fato de atingir violentamente pessoas, territórios, comunidades e grupos, em decorrência do conjunto cor-corpo social e fenotípico que portam esses sujeitos vítimas da violência desse fenômeno e processo.

No caso brasileiro, não podemos considerar apenas um tipo de racismo para explicar ou justificar seu alcance em nosso dia a dia. Afinal, os racismos não incidem apenas nas relações sociais pautadas pelos bens materiais, encontrando aí explicações fáceis que nos façam retomar os escravismos presentes na sociedade brasileira dos séculos XVI ao XIX como tentativa de justificá-los na contemporaneidade. Eles são mais amplos do que isso. Estão em todas as esferas e em todos os níveis da sociedade. Reduzi-los a um para melhor explicá-los é um contrassenso. Eles precisam ser encarados como o que são e devem ser denominados como estão de fato dispostos em nosso cotidiano, isto é, como RACISMOS, no plural.

Os racismos convivem conosco de maneira umbilical, pois têm suas bases na nossa vida privada de casa, mas também na coletiva da rua, da escola e do trabalho, por exemplo. Isso significa que eles são materiais, palpáveis, concretos, mas também imateriais, semânticos, simbólicos; suas raízes estão no nosso universo cognitivo, de signos e significados, sendo um fenômeno-processo de apreensão da realidade social.

A Constituição Brasileira promulgada no ano do centenário da abolição da escravatura no Brasil, isto é, em 1988, não faz menção direta ao fato de que ela estava combatendo os escravismos presentes em nosso contexto social, embora aborde o seu suposto flagelo, o racismo, como crime inafiançável e imprescritível. O racismo foi associado à discriminação, à calúnia, à difamação e à injúria racial, mas não foi vinculado diretamente aos crimes de ódio, ou seja, à negrofobia, como já nos advertia Frantz Fanon no célebre *Pele negra, máscaras brancas* (2020).

O nosso texto constitucional estava apenas assentado à maneira simplista ou reducionista ao entender, a partir do contexto e da leitura política do movimento negro do/no período, que o racismo era um ato de impedir, obstar ou recusar uma pessoa ou grupo social em decorrência de sua fenotipia, fundamentalmente da cor negra da pele, em diversos espaços sociais — tais como escolas, clubes e igrejas ou no mundo do trabalho —, como explicita a Lei n. 7.716, de 5 de janeiro de 1989, de autoria do deputado federal e constituinte Carlos Alberto de Oliveira (Caó).

Naquele momento, a complexidade dos racismos não foi abordada, posto que, quase 40 anos depois da promulgação da Constituição Federal, constata-se que a sociedade brasileira tem experimentado diversos racismos em decorrência de um conjunto de fatores novos, tais como: a globalização econômica e do capital volátil; o mundo digital comandando todos os sistemas comunicacionais; o neoliberalismo político-cultural impondo uma maior individualização e atomização dos sujeitos sociais, tornando-os menos cidadãos e mais clientes a partir do consumo de bens efêmeros — em contraposição a um aumento vertiginoso de novos atores sociais que lutam por reconhecimentos identitários, fragilizando antigos padrões culturais e instaurando outros, que advogam por direitos mais plurais e mais humanos.

Exemplo típico desse momento é o racismo semântico-simbólico-cognitivo que não tem o papel explícito de obstar, impedir ou recusar a presença negra de maneira concreta nos espaços ou ambientes, quaisquer que sejam eles. Esse racismo é mais sofisticado, pois não se alia à força bruta e direta dos racistas violentos, mas a nutre de maneira sutil com o seu simbolismo e seu poder de transmitir informações sociais e valores culturais visando à assimilação por suas vítimas. É um racismo que está assentado na palavra, no gesto, nos símbolos que porta e difunde de maneira aparentemente suave, sedutora, educativa, corretiva e descomprometida com a perseguição, a punição, a proibição e a violência.

O racismo semântico-simbólico-cognitivo e a ciência médica de mãos dadas

Os racismos são diversos e têm muitas faces; em cada uma delas, verificam-se seus desdobramentos, seus malefícios e suas ações, os quais se apresentam de maneiras distintas. No Brasil, muitos não foram tipificados ou catalogados na nossa Carta Magna de 1988, entre eles o racismo semântico-simbólico-cognitivo, muito embora ele tenha seu fundamento nas teses iluministas do século XVIII e nas pesquisas positivistas e darwinistas do século XIX. Elas atravessaram o século XX e chegaram até nós a partir das concepções de Herbert Spencer, considerado o pai do darwinismo social, que atribuiu aos vencedores e aos mais aptos a condição de sua superioridade racial, tecnológica e científica, além de uma educação superior ministrada desde a infância, como se explicita em sua obra *Educação: intellectual, moral e physica* (1901). Segundo o autor (1901, p. 76), “a ciência é o veredito para todas as interrogações. Para a direta conservação própria, para a conservação da vida e da saúde”.

Spencer considerava que somente com a ciência se consegue

> ganhar a vida. [...] Para o justo desempenho das funções de família, [...] para a interpretação da vida nacional, no passado e no presente, sem a qual o cidadão não pode justamente regularizar o seu procedimento, [...] para a produção mais perfeita e para os gozos da arte em todas as suas formas [...] e para os fins da disciplina intelectual, moral e religiosa — o estudo mais eficaz é, ainda uma vez, a ciência. (Spencer, 1901, p. 76)

Ao longo de toda a sua vida, Spencer defendeu a tese de que a escola deveria estar nas mãos de entes privados e não do Estado, pois compreendia que, se na educação houvesse a interferência do Estado, ele deveria fornecer uma educação igual para todos. Assim, o Estado poderia estar sustentando com o erário público estudantes que, por sua natureza, não estariam aptos a competir em sociedade.

Outro pensador fundamental para esse racismo supracitado é Arthur de Gobineau (1983), com sua mais importante obra, *Essai sur l'inégalité des races humaines* [Ensaio sobre a desigualdade das raças humanas], que aborda a suposta superioridade racial e intelectual da raça branca, em especial dos arianos, perante os demais grupos raciais. Para ele, os negros estavam situados no último degrau da hierarquia racial, tendo capacidade intelectual medíocre e se sobressaindo apenas nas sensações e pulsões mais imediatas. O que justifica, segundo o autor, as razões de sua inferioridade enquanto raça.

Francis Galton é outro autor que fundamenta esse racismo abordado aqui, especialmente por ter proposto a teoria da eugenia enquanto controle social da hereditariedade dos indivíduos, a fim de se obter a melhoria genética das populações. Ele define a eugenia como "a ciência que trata daquelas agências sociais que influenciam, mental ou fisicamente, as qualidades raciais das futuras gerações" (Galton, 1906, p. 3, nota).

Del Cont (2008, p. 209), em seu artigo "Francis Galton: eugenia e hereditariedade", afirma:

> Em torno do controle social das relações matrimoniais organizou-se a versão galtoniana de um programa de controle reprodutivo baseado nos princípios eugênicos, programa no qual, por intermédio de um protótipo de família, procurar-se-ia melhorar as características individuais e raciais das futuras gerações. Assim, as uniões deveriam ser orientadas e conduzidas por uma racionalidade externa, pois, deixadas à própria sorte, as condições familiares poderiam favorecer comportamentos desviantes. Era necessário, portanto, que a autoridade do governo se impusesse sobre as condições familiares. A boa procriação precisaria, portanto, da orientação constante e do controle de uma racionalidade externa, dada pelo conhecimento de um conjunto de fatores, médicos e sociais, que só uma ciência eugênica poderia fornecer.

Mas é sobretudo em torno das teses de Lucien Lévy-Bruhl acerca da consciência pré-lógica dos primitivos, as quais foram corroboradas pela influência dos médicos antropólogos Raimundo Nina Rodrigues e Arthur Ramos que essas ideias ganham corpo e força no tecido social nacional, sustentando na teoria e na prática o racismo semântico-simbólico-cognitivo. Essas teses pseudocientíficas visaram reafirmar o lugar que o negro deveria ocupar na estrutura social das sociedades ocidentais — a base da pirâmide.

O problema de estudo e de abordagem de Lévy-Bruhl é, em resumo, analisar e explicar como os sujeitos estão imersos em pensamentos e em uma psicologia que, por sua vez, estão vinculados aos grupos dos quais eles participam e são transmitidos de geração a geração, produzindo sentimentos de pertença, respeito, crença e outros valores culturais que se impõem aos indivíduos a partir da conduta, do comportamento, mas, sobretudo, pela via da língua enquanto uma poderosa produtora e transmissora de conhecimentos, pensamentos, psicologias e representações coletivas.

É com base nas representações coletivas que classificamos o mundo social que nos cerca. Por meio dos pensamentos hegemônicos e das línguas dominantes territorialmente, os estudiosos europeus, entre o final de século XIX e o início de século XX, disseram, pensaram e escreveram quem eram os indivíduos/sujeitos primitivos e os separaram de maneira distintiva daquele que é o branco, o adulto, o civilizado, o racional, o lógico, o ser da ciência.

O racismo semântico-simbólico-cognitivo emanado por esses autores, em especial por Lévy-Bruhl, Nina Rodrigues e Arthur Ramos, está pautado na pseudociência do seu tempo e em uma cultura embasada na perspectiva e nos princípios que regem a lógica aristotélica de identidade e contradição, isto é, não se pode ser um e outro; um tem de ser logicamente a negação do outro. No entanto, o pensamento e a mentalidade primitiva, segundo os autores mencionados, não coadunam com essa lógica racional brancocêntrica e exclusivista.

A mentalidade primitiva, segundo Lévy-Bruhl, se estabelece pelo misticismo, pelo pré-logismo e pela participação, dando base para o que Nina Rodrigues e Arthur Ramos difundiram na sociedade brasileira acerca das culturas africanas *a priori*, quando se pautaram na cultura religiosa das etnias que têm seus valores ancorados nas propriedades e nas forças místicas de entidades animistas e da natureza: “Os primitivos não percebem nada como nós. Mas seu produto é logo envolvido em um estado de consciência complexo, onde dominam as representações coletivas. Os primitivos veem com os mesmos olhos que nós: não percebem com o mesmo espírito" (Lévy-Bruhl, 1951, p. 38).

A mentalidade primitiva e a consciência pré-lógica dos africanos, em geral, e a dos negros no Brasil, em particular, estão ligadas ao racismo semântico-simbólico-cognitivo que se transmite pela língua dos dominantes e pelos pensamentos que lhe são emprestados pela ideologia e pela representação coletiva euro-ocidental do poder. É com essa ideologia e representação que esse racismo difunde a apreensão do seu mundo, do seu patrimônio cultural, do seu universo cognitivo e do seu sentido de existência.

Lévy-Bruhl, Nina Rodrigues e Arthur Ramos — marcados intelectual e cientificamente por ideologias, teses, teorias dogmáticas e racistas voltadas para o evolucionismo cultural, ao positivismo científico, ao racionalismo moral, ao progresso materialista e à ordem política — procuraram com essas fórmulas epistêmicas considerar a existência de uma racionalidade que segue um caminho linear e único, mas que separa de maneira indelével os indivíduos e grupos "inferiores" dos "superiores". Descartando os primeiros em função dos segundos a partir de concepções excludentes, transformaram o hipoteticamente inferior em um ser que precisa ser tutelado, apadrinhado, cuidado, controlado, domesticado e sobretudo aprisionado, isto é, afastado do convívio social quando não atende aos estímulos e às ofertas da sociedade e dos grupos hegemônicos.

Negros, indígenas e mulheres são concebidos como seres sociais infantis — eternas crianças — que precisam do homem branco, adulto, civilizado, racional, lógico, o ser da ciência, para conduzir, ensinar, domesticar e civilizar, a partir do momento em que é possível introduzir a cultura superior na inferior, como diria Arthur Ramos (1988; 1950; 1942). Mas é especialmente em *O negro brasileiro* que o autor dirá:

> A mentalidade *pré-lógica* impregna todas essas instituições religiosas e sociais do primitivo, e vem explicar este choque de mentalidades que foi o motivo principal da "ilusão da catequese" dos negros africanos em contato com os missionários católicos. Essa mentalidade *pré-lógica* persiste por muito tempo, desafiando o progresso. (1988, p. 207-8)

O mesmo autor continua:

> Mas o pensamento lógico não pode pretender suplantar inteiramente a mentalidade *pré-lógica*. Os responsáveis pela cultura e progresso sociais devem atentar bem neste problema. Da mesma forma que a catequese foi uma ilusão, também a repressão pura pela sociedade falhará, devido a este choque de mentalidades. Como já o disse com relação à repressão ao curandeirismo, torna-se necessária uma lenta educação do meio, com a oposição de normas corretas de pensamento às práticas místicas, *pré-lógicas*, da religião negra. (Ramos, 1988, p. 208)

Ou, ainda, como escreveu Nina Rodrigues (1957; 1988; 2006), mais especificamente em *As raças humanas e a responsabilidade penal*:

> Será necessário declarar agora que, traçando este esboço etnográfico, não fomos nem detrator sistemático, nem amigo cego do irmão negro? Que, por seu desenvolvimento intelectual e por sua civilização, os negros africanos sejam inferiores à massa das populações europeias, ninguém evidentemente pode pôr em dúvida. Ninguém pode duvidar tampouco de que anatomicamente o negro esteja menos adiantado em evolução do que o branco. Os negros africanos são o que são: nem melhores nem piores que os brancos; simplesmente eles pertencem a uma outra fase do desenvolvimento intelectual e moral.
>
> [...] o que se pode garantir, com experiência adquirida, é que pretender impor a um povo negro a civilização europeia é uma pura aberração. [...] (1957, p. 47-8)

Nina Rodrigues afirma ainda que,

> nos países regidos segundo as fórmulas das civilizações europeias, os negros conservam-se negativos ou atrasados, sempre em eminência de conflito. Não sentem e não compreendem a modo dos arianos, assim como anatomicamente não são constituídos a modo deles. Não podem absorver, assimilar, senão uma certa porção da ração *soi disant* regeneradora que se lhes oferece generosa... e ineptamente: o resto é muito indigesto para eles e provoca reações, que multiplicam o delito e o crime. [...] As suas impulsividades são tanto melhor e mais

> frequentemente frequentadas para o ato antissocial quanto as obrigações da coletividade lhes aparecem mais vagas [...]. O negro crioulo conservou vivaz os instintos brutais do africano: é rixoso, violento nas suas impulsões sexuais, muito dado à embriaguez e esse fundo de caráter imprime o seu cunho na criminalidade colonial atual. (1957, p. 49)

No Brasil República, o racismo semântico-simbólico-cognitivo foi sustentado pela ciência médica do final do século XIX e início do século XX. Fez que o africano e o negro nacional, sobretudo a partir do dia 15 de novembro de 1889, se tornassem um outro problema, pois conquistaram a categoria de cidadão, mas tinham de ser controlados, já que eram considerados perigosos, passionais, criminosos em potencial e culturalmente inferiores aos brancos. Eles têm sido indesejados social e etnorracialmente, alcunhados pelos intelectuais brancocêntricos como problema a ser equacionado: "a questão do negro" ou "a questão racial".

O cidadão-problema visa à cidadania plena e a ser conquistada, superando as atrocidades desse racismo sutil, vigoroso, plástico, flácido, elástico e eficiente que é pensado, sendo inteligente, frio e calculista como as ciências médicas nos ensinam em sua assepsia — as quais criaram um racismo cirúrgico e higiênico.

O racismo sutil e silencioso que invisibiliza

O racismo semântico-simbólico-cognitivo fez/faz suas vítimas. Usa o discurso, a palavra embebida de ideologia, com sabedoria, mentira e teor persuasivo desde o período escravista brasileiro. Exemplo típico é o do padre Antônio Vieira, que aborda em seu "Sermão décimo quarto do Rosário pregado na Bahia, à Irmandade dos Pretos, de um engenho em dia de São João Evangelista", de 1633, a violência escravista e a teologia do racismo, a despeito do anacronismo de época, em sua palavra cheia de candura cristã:

> Bem-aventurados vós se soubéreis conhecer a fortuna do vosso estado, e com a conformidade e imitação de tão alta e divina semelhança aproveitar e santificar o trabalho [...]. Em um engenho sois imitadores de Cristo crucificado

> [...] que padeceis em um modo muito semelhante que o mesmo Senhor padeceu na sua cruz, e em toda a sua paixão. [...] A paixão de Cristo parte foi de noite sem dormir, parte de dia sem descansar e tais são as vossas noites e os vossos dias. Cristo despido e vós despidos; Cristo sem comer, e vós famintos; Cristo em tudo maltratado, e vós maltratados em tudo. Os ferros, as prisões, os açoites, as chagas, os nomes afrontosos de tudo isto se compõe a vossa imitação, que se for acompanhada de paciência, também terá merecimento de martírio [...]. Em todas as invenções e instrumentos de trabalho parece que não achou o Senhor outro que mais parecido fosse com o seu, que o vosso. [...]. (Vieira, 2011, p. 127-8)

Segundo Fonseca (2012, p. 56-7), a Igreja Católica

> justificava a escravização dos africanos com um discurso humanista e missionário baseado na salvação das almas, já que a cor e o corpo estavam mergulhados na perdição das trevas por conta da maldição de Cam. Procurava-se, com os maus-tratos e os violentos castigos corporais infligidos aos negros, macular o corpo e a carne; esperava-se que sua alma se purificasse e eles se tornassem bons e dóceis. [...] Quando fala aos escravizados, Vieira transforma sua palavra em uma arma que os aliena de sua existência e situação histórica. A ideia é convencê-los de que precisam viver o cotidiano trabalhando em nome da construção do "Reino de Deus" de maneira penitente e graciosa, pois participam do amor e da bondade dele. Nas palavras de Vieira, a brutal escravidão transfigura-se em algo bom e gratificante. [...] O trabalho adquire o caráter sagrado e rememora o martírio de Jesus — ser escravo é ser Cristo.

A força do sermão de Vieira chega à atualidade incitando pessoas, ideias e instituições a manter o africano e seus descendentes no lugar do Cristo na cruz, no trabalho extenuante, no martírio permanente. Daí se configura o mundo do trabalho no qual a população negra está inserida, explorada, expropriada e marginalizada nas ocupações e nas atividades laborais e em residências precárias, pois os seus ganhos econômicos são parcos e, de modo geral, descontinuados. O que é permanente é a violência desse racismo que esconde sua face no discurso bonito e nas palavras de afeto e de humanização das relações sociais e etnorraciais na contemporaneidade.

O racismo semântico-simbólico-cognitivo faz suas vítimas de maneira sistêmica, sobretudo porque é sutil, silencioso, constante e aparentemente indolor, mas fere a psique, o imaginário e a subjetividade das pessoas negras, porque visa informar de modo eugênico que essas pessoas estão fora do lugar quando estão em postos de comando, locais de decisão, espaços de e do poder.

O racismo semântico-simbólico-cognitivo tende a tornar normal, "natural", o fato de que negros devem estar circunscritos às atividades manuais, associando-os a uma identidade profissional ou ocupacional que remonta ao passado histórico dos escravismos.

> Nesse sentido, há alguns exemplos flagrantes de discriminação contra esses postulantes ao Executivo de municípios e estados do país. Wagner do Nascimento, quando candidato a prefeito de Uberaba (MG), foi estigmatizado pelos partidos de oposição com o seguinte jargão: "Uberaba não poderia ter à sua frente um fuscão preto". Thereza Santos, liderança do movimento negro, quando se candidatou a deputada estadual, ouviu que "lugar de negra é na cozinha da madame". Ela não era candidata ao Executivo, mas negra e mulher; na visão machista e preconceituosa, não deveria fazer parte do "mundo dos brancos" — o das decisões políticas. [...] O ex-prefeito de São Paulo, Celso Pitta, era chamado de "Sombra" pela equipe de marketing de sua campanha à prefeitura de São Paulo em 1996. Esses exemplos mostram que a sociedade brasileira reservou aos negros o lugar do anonimato, do silêncio, da invisibilidade, da massa amorfa. (Fonseca, 2012, p. 106)

As pessoas negras devem ser naturalmente subservientes, submissas e assentadas na lógica do poder abissal dos brancos sobre eles e elas, como nos escravismos passados. Os brancos, os que exercem o poder, não aceitam a mudança de regime político e econômico, isto é, que os ex-escravizados se tornem cidadãos. Não concebem a possibilidade de que estes consigam competir com eles, ou seja, tenham capacidade de se misturar na sociedade de classes.

Os negros vivenciam a violência simbólica do racismo semântico-simbólico-cognitivo por meio da palavra, do gesto que ele porta e difunde de maneira educativa, corretiva, que visa desassociá-los dos ambientes de decisão, de poder e de conhecimento científico. Exemplo típico é quando são as exceções às regras e estão nas universidades e nos empregos de maior prestigio. Ali sofrem ataques, pois não são vistos como dignos e também merecedores de estar nesses lugares. Como nos diz Frantz Fanon em seu célebre *Pele negra, máscaras brancas* (2020, p. 130):

> Conhecemos um estudante de medicina negro que não ousava realizar o toque vaginal nas pacientes que eram atendidas no consultório de ginecologia. Ele nos revelou um dia que havia ouvido de uma paciente esta reflexão: "Tem um negro ali dentro. Se ele me tocar, dou-lhe um tapa. Com eles, nunca se sabe. Ele deve ter mãos grandes e, seja como for, certamente é brutal".

Fonseca (2012, p. 112), em diálogo com essa obra de Fanon, é taxativo:

> No Brasil, também o branco fixou psiquicamente o africano e seus descendentes no biológico, no genital, na força bruta, tornou-o um animal passível de cometer estupros. Fanon, nesse particular, afirma: "Quem diz estupro geralmente diz ou pensa em negro". O afro-brasileiro é representado como perigo biológico-cultural nessa análise psiquiátrica, portanto patológica, apresentada pelo autor.

É no ambiente educacional e no mundo do trabalho que esse racismo tem uma incidência majoritária. É nesses lugares, que são também os de transmissão de conhecimento e de construção de subjetividade do negro, que se aponta a incapacidade dessas mesmas pessoas de realizar atividades consideradas de alta complexidade intelectual, como se os negros não pensassem, não fossem dotados de conhecimentos científicos e racionais.

Atualmente, as ações afirmativas e os programas de promoção de igualdade étnico-racial vinculados às políticas de equidade no país visam retirar negros e negras das atividades menos remuneradas, mais degradantes, que demandam mais esforço físico e menos complexidade intelectual.

Continua a ser flagrante o racismo semântico-simbólico-cognitivo dos críticos das ações afirmativas quando dizem que a inserção de um contingente significativo de estudantes negros nas universidades pode acarretar um rebaixamento cultural, científico, tecnológico e educacional dessas instituições de ensino. Essa tese tem sido rejeitada por pesquisadores sérios, competentes e responsáveis, que afirmam em seus estudos teóricos e nas diversas pesquisas empíricas que os negros têm as mesmas capacidades e potencialidades para aprendizagens em comparação com outros grupos etnorraciais. O que lhes faltam são as oportunidades para estar nos lugares de prestígio sociocultural e de decisão político-econômica.

Fato comprovado nas pesquisas realizadas em várias universidades brasileiras é que as ações afirmativas não promovem nenhum rebaixamento acadêmico, cultural, científico ou tecnológico; muito pelo contrário, elas aprimoram o conhecimento e ampliam sua diversidade acadêmico-científica e cultural. A inserção dessa população em número significativo, enquanto agentes sociais e coletivos, provoca o aprofundamento dos estudos das relações etnorraciais no país e, assim, abre outras perspectivas teórico-metodológicas, tais como as ligadas à branquitude.

Quem ganha com esse processo é a sociedade como um todo. Afinal, descortinam-se os racismos presentes no país por meio das ações afirmativas no universo universitário e no mundo do trabalho, lugares onde eles imperam. Em consequência disso temos uma baixíssima quantidade de negros e negras nos cargos de gestão das empresas brasileiras, como apontam as diversas pesquisas do Instituto de Pesquisa Econômica Aplicada (Ipea) e do Instituto Brasileiro de Geografia e Estatística (IBGE) com foco nas desigualdades socioeducacionais, na renda econômica, no acesso à saúde de qualidade, nas condições de moradia digna, na presença nas universidades e no mapa da violência, entre outros indicadores sociais.

Essa visão é corroborada e denunciada por Cris Kerr[1], mulher branca, CEO da consultoria CKZ Diversidade:

> O nosso cérebro busca os iguais. Muitas empresas são formadas majoritariamente por brancos. Se eu sou branco, eu vou buscar outro branco, a não ser que eu seja conscientizado e vá buscar ativamente o diferente. Eu estou ciente dos privilégios que tenho na sociedade por ser branca.
>
> Muitas vezes, a desculpa das pessoas para ser contra ações afirmativas para negros, por desconhecimento, é esta: o branco pobre também passa dificulda-

1. Cris Kerr mestre em Sustentabilidade pela Fundação Getúlio Vargas (FGV), é também professora de diversidade e inclusão da Fundação Dom Cabral.

> des. No entanto, o branco, mesmo com baixa condição financeira, terá mais abertura que uma pessoa negra no mercado de trabalho e em outros contextos.
>
> Do mesmo modo, nunca me pediram para mudar o meu cabelo ou minha roupa, mas isso ocorre frequentemente com pessoas negras. A pessoa não pode mudar a identidade dela. E qual é o papel das pessoas brancas para mudar essa realidade? As pessoas brancas podem ser antirracistas ativas, ou seja, devem atuar nesse sentido. (Kerr, 2020)

Cida Bento (2022), já na introdução de *O pacto da branquitude*, informa sua história pessoal e denuncia esse racismo semântico-simbólico-cognitivo que se traduz em maiores oportunidades nos melhores empregos e salários para os brancos, além de fazer uma apologia ideológica à beleza das mulheres brancas enquanto hipotéticos “cartões de visita” institucionais, supostas “vitrines” empresariais nas recepções da maioria das instituições que estão no mundo do trabalho público ou privado. A situação torna-se escandalosa, sobretudo em bancos e lojas de shoppings, como se constata no testemunho da autora:

> Nessa mesma época, eu trabalhava como psicóloga organizacional. Meu cargo me permitia ver como esse imaginário sobre brancos, expurgado, “lavado” de suas dimensões negativas, por exemplo, do seu lugar de descendência e herança escravocrata, impactava a área de recursos humanos. Não era preciso ter uma lupa para perceber que o perfil de candidatos considerados adequados para as posições mais elevadas na hierarquia das instituições ou cuja imagem representava a organização era sempre de pessoas brancas.
>
> […] é fundamental observar também que nos altos postos de empresas, universidades, do poder público, enfim, em todas as esferas sociais, temos, ao que parece, uma cota não explicitada de 100% para brancos.
>
> […]
>
> Quando trabalhava como recrutadora de pessoal, vivenciei diferentes situações em que essa preferência por brancos ficava evidente. Por exemplo: no processo seletivo para a vaga de secretária num banco, enviei duas mulheres negras para a entrevista inicial com a chefia e recebi uma bronca, por telefone, do contratante. […]
>
> Com o tempo entendi: secretárias são o “cartão de visita” da empresa, a primeira pessoa que um cliente vê ao chegar. O banco não queria que seus

> clientes fossem recepcionados e acolhidos por mulheres negras, mas sim por brancas. (Bento, 2022, p. 9-11)

As características fenotípicas (cor da pele, textura do cabelo, formato da boca e dos lábios, cor das cutículas das unhas, textura da barba — ainda que aparada — e cor dos olhos) da população negra a tornam alvo de discriminação advinda desse racismo semântico-simbólico-cognitivo atuante no mundo do trabalho e nas universidades, sobretudo em decorrência do cargo ou da função almejada nos processos seletivos (vestibulares e entrevistas empresariais).

Racismo de discurso, de ideias, de representação: racismo sem sangue

O racismo semântico-simbólico-cognitivo está assentado na palavra, aparece nas piadas, nos xingamentos, nos chamamentos pejorativos, nos ditos populares, mas também nos gestos ofensivos que promovem a ridicularização, o risível, o deboche, o escárnio, pois visa desacreditar as competências e capacidades dos negros e, assim, corroborar a ideia de que eles não estão ou não devem estar em determinados lugares do saber e do conhecimento.

Esse racismo que retira as potencialidades dos negros a partir da palavra com jocosidade, rebaixamento intelectual e desqualificação humana não pode ser concebido como recreativo (Fonseca, 2012; Moreira, 2019)[2], posto que não há nem deve existir humor em si, já que ele é tão somente um crime que se traveste em piadas obscenas, em brincadeiras nada inocentes ou ingênuas. Seu alvo é o conjunto cor-corpo das pessoas negras quando estão, especialmente,

---

2. O conceito de racismo recreativo estabelece que o branco transforma o negro em entretenimento, em divertimento, em objeto recreativo de sua prática racista. Esse conceito efetiva a ideia de objetificação, animalização, bestialização e desumanização do sujeito negro sem que ele reaja a essas violências, sendo, portanto, um ser passivo. Porém, os conceitos não são ingênuos nem inocentes. O conceito de racismo recreativo torna o negro menos sujeito e mais objeto da negrofobia do outro. Não constatamos em estudo pioneiro, iniciado em 1985, concluído em 1994 e publicado em 2012, que haja essa passividade por parte dos negros. Em Fonseca (2012) se verifica que o processo é dinâmico e que o negro também é um sujeito social.

em espaços de sociabilidade em que os grupos sociais e etnorraciais se encontram desarmados e descontraídos.

No limite, esse racismo semântico-simbólico-cognitivo torna os negros desajustados, invisíveis em seus corpos e nos cargos que ocupam, os mais embrutecidos e que exigem muita força física; ou aqueles que têm suas ações repetidas, sem uso aparente de conhecimento técnico, tecnológico ou científico. Além disso, são invisibilizados em seus saberes quando estão em postos e cargos de decisão ou de prestígio, como ocorre com diretores, chefes, gerentes, escritores, cientistas, empresários etc. nas diversas repartições públicas e nas organizações privadas, bem como quando negam que as filosofias africanas fundamentaram as demais filosofias, especialmente as europeias.

O racismo semântico-simbólico-cognitivo é brancocêntrico e ignora a sistematização do conhecimento elaborado e reelaborado pela população africana em suas conquistas científicas, como fora demonstrado em outra obra (Fonseca, 2021, p. 12). É um racismo sem sangue, mas que mata, adoece, gera patologias psicossomáticas — como câncer, depressão, ansiedade, medo, pânico e aflição (Souza, 1983) —, pois sufoca, aprisiona e violenta pessoas negras (crianças, adolescentes e adultos, sobretudo no trabalho, no lar, na escola, na igreja, entre outros espaços de sociabilidade e convívio desse segmento socio-étnico-racial). Ele busca retirar a motivação e a autoestima positiva dos negros à medida que difunde um imaginário cultural, uma representação social, uma ideia de ignorância, de atraso, de feiura, de deslocado intelectual, de sujeito fora do lugar social, econômico ou político.

O racismo semântico-simbólico-cognitivo se ergue a partir de um discurso no qual quem está no ponto mais alto do vértice piramidal informa e afirma, a partir de sua visão do "alto", quem tem o potencial de entender, compreender, interpretar, analisar, avaliar, elaborar conhecimento novo e abstrato, ou seja, de se deixar penetrar pelo logos e de ser invadido pela razão científica, tecnológica e pelos arcabouços teórico-metodológicos da civilização euro-ocidental. A resposta, nessa perspectiva orientada para a manutenção da hegemonia do pensamento e da simbolização, é o branco como belo, perfeito, inteligente, civilizado e culto.

Constata-se com esse racismo que o estudante branco, embora seja oriundo da escola pública, morador das periferias urbanas das médias e grandes cidades do país, tem um capital cultural ou, como diria Bourdieu (2007), um *habitus*. Norbert Elias afirmaria que ele é detentor de prática e costume civilizados (1994) ou que pode ser um estabelecido (Elias e Scotson, 2000) naquele ambiente universitário, enquanto o negro é considerado um *outsider*, não sendo alguém concebido como detentor de *habitus*, práticas e costumes que configuram a cultura acadêmica euro-ocidental e brancocêntrica.

É com base nesse racismo que professores de escolas públicas das periferias dessas cidades grandes e médias não falam de vestibulares em universidades públicas, concursos públicos, empregos de alto rendimento e de prestígio para seus estudantes negros e negras, pois entendem que não é o lugar social deles. Creem, ainda, que terão uma dificuldade imensa para alcançar esse conhecimento a ser adquirido em qualquer uma das universidades brasileiras, visto que esse é um espaço de cultura brancocêntrica, de domínio hegemonizado pela branquitude. Essa prática não é de cuidado: é racismo por parte de professores do ensino fundamental, médio e das universidades brasileiras. De acordo com Carvalho (apud Mongim e Oliveira, 2019, p. 146),

> o Brasil também fez parte do grande processo de racialização inferiorizante dos negros ou não brancos durante pelo menos meio século. O resultado dessa política arianizante iniciada na década seguinte após a abolição da escravatura e que durou até os anos 1940 foi a expulsão da escola e da carreira de educador de milhares de negros. Uma desvantagem escolar concreta, portanto, foi promovida pela nossa elite branca racista na primeira metade do século XX.

O discurso criado por esse racismo é expresso em pichações nas paredes de universidades e nas salas de aula. Eis alguns exemplos recentes na Universidade Federal de Santa Maria, apresentados por Sheila F. Goulart (2021, p. 182):

> No final do segundo semestre de 2018, voltando de uma aula, fui abordado por um grupo de homens me chamando de macaco fedido e pedindo pra eu voltar para o tronco de onde tinha saído; também no final das eleições de 2018 sofri ameaças dos vizinhos do andar debaixo com frases racistas, como "os negrinhos do 3.120 vão tudo morrer agora". Durante muito tempo fiquei com medo de circular pelo campus sozinho, com medo de ser agredido. (Ganga Zumba, estudante de Terapia Ocupacional, 1º semestre em 2020)

> Um dia um professor veio ao departamento e me mostrou um vídeo que era de samba, *Utopia* chamava. Daí eu disse que não conhecia, ele respondeu: "mas como você não conhece? Então, eu sou mais preto que tu?" Ele é branco… eu fiquei muito sem graça. Agora porque sou negra preciso conhecer? Foi o que ele quis dizer com "como tu, preta, não conhece?" Não soube o que responder, afinal ele era um professor. Mas fiquei muito pensativa com aquilo. (Dandara, estudante de Serviço Social, 2º semestre em 2020)

Muitos estudantes negros, sobretudo nas graduações, mas em alguns casos nas pós-graduações, vivem o sofrimento psíquico acadêmico por se considerarem incompetentes, imaturos, inconsistentes e incapazes de absorver teorias, epistemologias, paradigmas e metodologias culturais e científicas que não dizem respeito a si próprios. No entanto, há aqueles que reagem e questionam docentes em salas de aula afirmando que determinados temas, assuntos, conclusões, teorias e autores estão baseados nesse racismo cognitivo-simbólico-semântico.[3]

No mundo do trabalho, essa situação tem levado ao isolamento profissionais negros de prestígio, obrigados a trabalhar o dobro ou o triplo em relação aos brancos para se manter nos postos que conquistaram também com muito esforço, não em função da ausência de competência, mas em decorrência desse racismo que os faz ter de afirmar a sua capacidade laboral, intelectual e física, mas sobretudo psíquica.

As universidades brasileiras vêm histórica e culturalmente disseminando saberes, técnicas, conceitos, categorias, métodos, teorias, línguas e filosofias que são de uma única matriz de conhecimento — a euro-ocidental —, que se assenta política e ideologicamente como a que tem valor científico. As línguas da racionalidade científica são a inglesa, a francesa, a alemã, a italiana e a espanhola, isto é, as euro-ocidentais. Outra língua não vale, pois não tem o estatuto de língua franca no universo acadêmico-científico brancocêntrico.

No Brasil, esse debate tem sido feito pelos negros que buscam uma alternativa para essa situação, especialmente quando reivindicam a implementa-

---

3. Outro conceito que também nasce nesses debates acirrados é o de epistemicídio, abordado por Julvan Moreira de Oliveira no capítulo 1.

ção das leis n. 10.639/2003 e 11.645/2008 nas ementas e nos conteúdos das disciplinas dos cursos universitários do país. Pleiteiam, ainda, a reformulação dos currículos dos cursos — trazendo novos autores, refazendo e diversificando a bibliografia das disciplinas, reatualizando a formação dos docentes do ensino superior das universidades brasileiras, visando oferecer um pensamento plural, não brancocêntrico, com negros para representá-los cognitiva, simbólica, semântica e epistemologicamente.

Esse esforço da intelectualidade negra no Brasil tem propiciado a introdução de autores negros africanos, dos Estados Unidos e de outras nacionalidades, especialmente do Brasil, gerando uma disseminação do pensamento desses intelectuais em ambientes, disciplinas e grupos de pesquisa que antes não os conheciam. Porém, constata-se que alguns dos intelectuais africanos trazidos por pesquisadores e docentes brancos brasileiros são brancos, representantes simbólicos desse racismo semântico-simbólico-cognitivo — embora africanos, ainda assim são brancos.

Apenas agora, em função da pandemia e do caos sanitário provocado pela ação política de Donald Trump e Jair Bolsonaro, o nome do camaronês Achille Mbembe ganhou notoriedade no universo acadêmico brasileiro hegemônico, em decorrência de sua obra sobre a necropolítica (Mbembe, 2018). Porém, antes de falarem dele, citam que sua obra é baseada nas produções do italiano Giorgio Agamben e do francês Michel Foucault. Ressaltam, ainda, o fato de o autor ser docente na Universidade Harvard, nos Estados Unidos. Logo na base desse racismo se induz que sua notoriedade não vem do fato de ser camaronês, mas das referências bibliográficas e institucionais que traz em sua obra.

A violência que é impetrada por esse racismo semântico-simbólico-cognitivo no Brasil vem pela imposição das agências do pensamento global e de universidades de prestígio mundial. Elas imputam quem deve ser lido, quem ensina e transmite conhecimento válido cientificamente. São elas que dizem quem é você a partir das instituições universitárias às quais você está vinculado ou subordinado.

O aumento na presença de negros, indígenas, mulheres e da população LGBTQIAP+ nesse ambiente de eugenia universitária vem provocando a diversidade e trazendo outros conhecimentos, valores civilizatórios fundamentais para interagir e transformar a ciência acadêmica e o mundo do trabalho, que ainda são ditados por uma maioria de homens brancos e heterossexuais.

Em suma, esse racismo semântico-simbólico-cognitivo está sofrendo, juntamente com o institucional e o epistêmico, um terremoto ideológico-social e cultural-científico à medida que sua base está ruindo aos seus pés — os de areia da praia — pelas águas trazidas por Iemanjá e Dandalunda.

Referências bibliográficas

BENTO, Cida. *O pacto da branquitude*. São Paulo: Companhia das Letras, 2022, p. 9-11.

BOURDIEU, Pierre. *A economia das trocas simbólicas*. São Paulo: Perspectiva, 2007.

CONSELHO NACIONAL DE JUSTIÇA. *Pesquisa sobre negros e negras no Poder Judiciário*. Brasília: CNJ, 2021, p. 57. Disponível em: https://www.cnj.jus.br/wp-content/uploads/2021/09/rela-negros-negras-no-poder-judiciario-150921.pdf. Acesso em: 11 fev. 2023.

DEL CONT, Valdeir. "Francis Galton: eugenia e hereditariedade". *Artigos Sci*, São Paulo, v. 6, n. 2, jun.2008, p. 201-18. Disponível em: https://www.scielo.br/j/ss/a/nCZxGgFHn8MVtq8C9kVCPwb/. Acesso em: 25 jan. 2023.

ELIAS, N. *O processo civilizador*: uma história dos costumes. Rio de Janeiro: Jorge Zahar, 1994, v. 1.

ELIAS, N. SCOTSON, J. L. *Os estabelecidos e os outsiders*. Rio de Janeiro: Zahar, 2000.

FANON, Frantz. *Pele negra, máscaras brancas*. São Paulo: Ubu, 2020.

FONSECA, Dagoberto José. *Você conhece aquela?* A piada, o riso e o racismo à brasileira. São Paulo: Selo Negro, 2012.

______. "O fazer científico e o conhecimento africano: pistas e esboços — Um breve diálogo, mas necessário". Dossiê Ciências Sociais Africanas e Afrodiaspóricas: Abordagem Teórica, Metodológica e Temática. *Revista da ABNP*, Brasília, v. 13, n. 36, maio 2021, p. 7-31. Disponível em: https://abpnrevista.org.br/index.php/site/article/view/1251/1127. Acesso em: 11 jan. 2023.

GALTON, Francis. "Restriction in marriage". *Sociological Papers*. Londres/Nova York: Macmillan, 1906, 1906, v. 2, p. 3-17; 49-51. Disponível em: https://galton.org/essays/1900-1911/galton-1906-eugenics.pdf. Acesso em: 25 jan. 2023.

GOBINEAU, Arthur de. "Essai sur l'inégalité des races humaines". In: *Oeuvres*: *Livre 1*. Paris: Gallimard, 1983.

GOULART, Sheila Fagundes. *Processos formativos de estudantes cotistas autodeclarados pretos e pardos e os contextos emergentes na UFSM*. Tese (Doutorado em

Educação) — Programa de Pós-Graduação em Educação, Universidade Federal de Santa Maria, 2021.

KERR, Cris. [Entrevista a Ana Lídia Araújo e Ana Paula Lisboa.] Correio Braziliense, 11 nov. 2020. Disponível em: https://www.correiobraziliense.com.br/euestudante/trabalho-e-formacao/2020/11/4887475-empresas-ainda-desperdicam-talentos-negros-por-causa-do-racismo.html. Acesso em: 4 fev. 2023.

LÉVY-BRUHL, Lucien. *Les fonctions mentales dans les sociétés inférieurs*. 9. ed. Paris: Presses Universitaires de France, 1951.

______. *La mentalité primitive*. 14. ed. Paris: Presses Universitaires, 14. ed. 1947.

MBEMBE, Achille. *Necropolítica*. São Paulo: N-1, 2018.

MOREIRA, Adilson. *Racismo recreativo*. São Paulo: Jandaíra, 2019.

MONGIM, Andrea Bayerl; OLIVEIRA, Osvaldo Martins de. "Entre comemorações, tensões e constrangimentos: ingresso na universidade pelo sistema de cotas". *Revista Teias*, Rio de Janeiro, v. 20, n. 56, jan.-mar. 2019, p. 133-52. Disponível em: https://www.e-publicacoes.uerj.br/index.php/revistateias/article/view/39082. Acesso em: 21 jan. 2023.

RAMOS, Arthur. *O negro brasileiro*: etnografia religiosa e psicanálise. Recife: Fundaj; Massangana, 1988.

______. *A aculturação negra no Brasil*. Rio de Janeiro: Cia. Ed. Nacional, 1942.

______. *A criança problema*. São Paulo: Casa do Estudante do Brasil, 1950.

RODRIGUES, Raimundo Nina. *Os africanos no Brasil*. São Paulo; Brasília: Companhia Editora Nacional; Editora UnB, 1988.

______. *As raças humanas e a responsabilidade penal no Brasil*. Salvador: Progresso, 1957.

______. *O animismo fetichista dos negros baianos*. Organização de Yvonne Maggie e Peter Fry. Rio de Janeiro: UFRJ; Biblioteca Nacional, 2006.

SOUZA, N. *Tornar-se negro*. Rio de Janeiro: Graal, 1983.

SPENCER, Herbert. *Educação intellectual, moral e physica*. Rio de Janeiro: Laemmert & Co., 1901.

VIEIRA, Padre Antônio. *XIV Sermão do Rosário*. Organização de Alfredo Bosi. São Paulo: Companhia das Letras; Peguin, 2011, p. 127-8. (Coleção Clássicos).

3. Ginga e *cool*, metáforas rítmicas da resiliência contracolonial: diáspora africana nos Estados Unidos e no Brasil

Julio Cesar de Tavares

Neste capítulo, compartilho uma pequena porção dos frutos colhidos por uma pesquisa construída em perspectiva comparada em territórios da diáspora africana — este grande continente imaginado — com o propósito de conhecer os sistemas de reconhecimento e reinvenção da vida das populações que, sob a condição de escravizadas, atravessaram compulsoriamente o Atlântico, deixando várias nações da África para trás.

Assim, convido o leitor a acompanhar esse enfoque no jogo das forças das ações político-poéticas sobre o cotidiano da vida social, uma chave relevante para a questão da organização e da articulação das comunidades negras, sob a perspectiva da linguagem e da gramática, na diáspora africana como invenção política.

Indiscutível é, nesse aspecto, a constatação de que os que sobreviveram ao holocausto da travessia preservaram grande parte do estoque cultural encarnado como lembranças, sentimentos, gestos e tropos. Combinaram esse legado preservado no corpo com o que adquiriram no novo espaço-tempo e, dessa forma, inscreveram suas experiências nas Américas como parte das novas identidades, gesto que deixava implícito um sutil desacordo com o contrato colonial. A partir dessa observação, pesquisar a linguagem como um fenômeno comunicativo e político orquestrado por múltiplas variáveis tornou-se uma tarefa urgente para o mapa cognitivo das subjetividades rebeldes.

Foi com tal pretensão que iniciei a pesquisa de campo nos anos 1990, como parte de meu doutoramento (Tavares, 1998). Ao longo das décadas seguintes, permaneci regando a ideia de que a linguagem opera como dispositivo que pode ordenar e condensar experiências comunitárias de resistência e transformação social na lembrança dos sujeitos e da coletividade que a opera. Para construir o *corpus* da pesquisa, resolvi comparar afro-estadunidenses com afro-brasileiros nas experiências de seu cotidiano.

Podemos começar destacando o fato de que, no que diz respeito às formas de inscrição da vida das populações negras, as comparações realizadas entre Brasil e Estados Unidos multiplicam-se aos borbotões. No entanto, as mais frequentes têm sido aquelas com o propósito de confirmar, na imaginação nacional brasileira, que as atitudes raciais estadunidenses são binárias. Nesse particular, contrastariam com atitudes raciais praticadas no Brasil, as quais agenciaram certa excepcionalidade histórica nos quadros da herança escravista em todo o Atlântico negro. Assim supostas, estas últimas seriam mais nebulosas, portadoras de conceituações que dissipariam categorias polarizadoras e confrontacionais do tipo “preto *versus* branco”.

Aqui, com o cultivo dessa mitologia que pervade o senso comum e a própria universidade como uma lenda inabalável, o véu da mestiçagem daria, portanto, aprovação efetiva da “mística da excepcionalidade” das relações etnorraciais construídas entre brasileiros e afro-brasileiros. Propaga-se, a partir dela, o entendimento de que adotamos linguagens complexas e ricas de modo a caracterizar racialmente as interações porque somos mais interativos, cordiais e simpáticos no ladrilhamento da formação social brasileira.

A acusação do “outro” com a pecha de binário atua como um mantra que, na verdade, se torna gesto que reitera a excepcionalidade das relações etnorraciais construídas entre brasileiros e afro-brasileiros para ressaltar ideais de supostas suavidade e cordialidade reinantes entre nós, com o firme propósito de produzir alegorias que ocultassem a real violência remanescente das formas escravistas de socialidade.

Essa prática de redução do outro à ideia do binário inibe a crítica racial e obscurece a profundidade do racismo, sua extensão e sua potência transnacional de resistência e resiliência entre os povos da diáspora. Por outro lado, o ocultamento da rede multidimensional de articulação e trânsito do racismo — seja por dissimulação, seja por denegação — promove a ação de forças sistêmicas de natureza política e cognitiva que reproduzem tanto a violência racista quanto a (relevante e, em consequência, imanente corolário) violência antirracista. Agindo assim, atrofia-se a memória crítica e analítica na libertação das mentes segregadas do pós-abolição.

Neste ambiente, identificaremos as performances como forças que emergem, quase ingênua e inocentemente, nos falares dos sujeitos-atores negros, de modo a promover o território sempre vívido das comunidades. E são essas performances que, no sentido amplo e restrito, agenciam uma crítica prática decolonial ao mitigar e conter o avanço das formas de destruição mental instigadas pelo colonialismo e por seu legado. É com essas atitudes que se assinala a força das ações contracolonizadoras (Bispo, 2019). Delas, surge o desconstruir da arquitetura colonial — psíquica, relacional, social e política.

Seguindo por esse caminho, destaco em primeiro lugar a cara relação entre a linguagem, o ritmo e o corpo. Ao longo do tempo, esse aspecto passara desapercebido em várias pesquisas, embora o processo de incorporação das experiências, pela via da linguagem, tivesse conferido inerentes mutações internas, desembocando em palavras-chave, forma mais evidente da produção de metáforas para resistir e combater ataques à liberdade e alimentar a desconstrução da prática da colonização mental. Portanto, de modo significativo, importa saber quais termos contribuem para a identificação da condição que organiza o sentido e a imaginação de seus falantes.

A força política dos sistemas de linguagem

Nesse panorama, a observação do uso de palavras-chave — em grande parte, tropos culturais — nos aponta um relevante instrumental analítico, constituído por uma dupla inscrição: *primeiro*, como uma porta de entrada para o imaginário e, dessa forma, capaz de realizar uma anatomia dos diferentes usos de realidade e imaginação nas constituições dos cotidianos racializados, no nosso caso, no Brasil e nos Estados Unidos; *segundo*, como fruto de uma crença na existência de uma imanente "força impulsionadora", um inconsciente cognitivo por trás do nosso comportamento, que mais claramente brota por meio de palavras-chave, isto é: tropos, figuras da fala, conceitos, categorias que realizam uma articulação entre linguagem e pensamento (Tavares, 1998).

Ao ensaiarem essa articulação, engatilham categorias do pensamento na vida cotidiana que condensam conteúdos e que passam a atuar como comportamentos, percepções, sentimentos e movimentos corporais. Agindo dessa forma, tais palavras-chave revelam uma espécie de autorreferenciação baseada nas estabilizações do mundo e, desde então, gramaticalizam-se como fenômeno cultural por meio da expressão performativa e da condensação imagética de gestos incorporados; em ambos os casos, fala e gesto atuam simultaneamente para constituir um jogo de linguagem (Wittgenstein, 1958), que, como uma construção cultural, interpreta e modula padrões cognitivos da sociedade.

Sendo assim, convém esclarecer que todas as culturas, em diferentes territórios, podem ter um ou vários temas centrais que moldam e articulam as atitudes das pessoas; temas que podem ser resumidos numa frase ou mesmo numa expressão que produz uma categoria de comportamento expressivo.

Esses aspectos organizam o sistema de comunicação, no qual a linguagem cumpre papel relevante, mas não exclusivo — um sistema que, como uma força viva e ativa, funciona de modo a envolver controle, mudanças, felicidade ou frustração das pessoas e dos grupos, tanto quanto dos desejos e subjetividades no âmbito das interações e transformações sociais. É na articulação desse sistema que o aparelho discursivo se constitui, conforme Foucault (1978).

Assim, uma história social da linguagem não pode ser feita sem levar em conta as relações de poder, as formas como as pessoas controlam e se comunicam por meio da linguagem e os agenciamentos políticos aos quais a linguagem está vinculada. O estudo da linguagem por meio da ação das palavras tem sido um meio muito proveitoso para abordar o imaginário cultural e examinar as implicações sócio-históricas no nível molecular das proposições semióticas.

De forma muito direta, Peter Burke (1987, p. 17) defende uma história social da linguagem ao justificar essa necessidade com o fato de que "a linguagem é muito importante historicamente para deixá-la aos linguistas". Com esse argumento, ele define um crucial empreendimento, qual seja, localizar no tempo e nos contextos das pessoas os efeitos sociopolíticos e cognitivos dos imaginários jogos de linguagem.

Categorização e incorporação nas experiências cotidianas

A interação entre o sócio-histórico — as estruturas molares — e o maquinismo molecular pode mostrar a interação existencial micropolítica, esse território marcado por "potências invisíveis" (Guattari, 1988, p. 146). As palavras-chave, ou tropos, às quais nos referimos acima e que dão a musculatura deste capítulo têm sido, repetidamente, investigadas como uma arena onde as pessoas as reiteram e experimentam como resultantes de motivações culturais. Esses tropos atuam como se fossem algo próximo ao que Marcel Mauss (1979) chamava de "fato social total", definido como consequência da enraizada articulação entre gestos, fala, ideologia, percepção da vida cotidiana e elementos da ordem social.

Com tal abordagem, poderemos apontar semelhanças nas políticas raciais existentes nos Estados Unidos e no Brasil quanto às modelizações dos processos comunicativos. Onde, então, o sistema racial dos Estados Unidos se assemelha ao do Brasil? Quais diferenças seriam semelhantes? Como as semelhanças são estabelecidas?

Ao buscar a compreensão dos efeitos culturais nos dois processos de incorporação da linguagem cotidiana pela população negra, levando-se em conta as respectivas operações de produção de sentido e cognição, identificamos uma forte presença de sentido de resistência no jogo de linguagem presente nos usos tanto da língua inglesa como da língua brasileira, por intermédio de duas categorias socioculturais: *cool* e jinga.

O estudo das categorias sempre foi um tópico importante na pesquisa antropológica. Tanto na antropologia anglo-americana quanto na francesa, o estudo de categorias do pensamento surge junto com um leque de discussões sobre o processo de relacionamento entre linguagem, pensamento e cultura. Para os antropólogos que participaram desse movimento, a aquisição da linguagem e o processo de categorização são considerados como presentes no nível social e resultantes da expressão de construtos racionalistas.

Todavia, estudos mais recentes dos sistemas de categorização indicam que devemos também prestar atenção aos processos de metaforização do corpo, dos movimentos e ritmos embutidos nos termos, tropos e categorias, que podem identificar um panorama mais ampliado na análise dos usos sociopolíticos, das relações de poder, e na análise social e de políticas cognitivas. Desse modo, as metáforas são incorporadas e integram experiências mente/corpo; com isso, expressam base física, social e política dos acontecimentos que procuram figurar (Low, 1994).

Inspirados por essa percepção dos processos de produção da linguagem, tomamos as duas categorias mencionadas, *cool* e ginga, como permanentes e ativas na simbolização de comportamentos e condutas no âmbito da resistência na diáspora africana, entre negros estadunidenses e brasileiros. E, sobretudo, as escolhas se dão pelo fato de que os dois termos apelam por estilos e ritmos de vida naqueles dois contextos socioculturais como éticas da vida cotidiana: ginga está ligada à capoeira, a arte marcial afro-brasileira globalizada, e *cool* se vincula ao fenômeno musical afro-americano, globalizado, que é o jazz, o gênero clássico e contemporâneo, simultaneamente. Instigado por essa descoberta etnográfica em meu trabalho de campo em 1996, decidi investir em um possível mapeamento dos processos de linguagem cotidianos para compreender a diáspora africana e as africanidades do ponto de vista histórico, pelas possibilidades associativas de tropos, e a consequente relação que eles estabelecem em estágio mais elevado com as práticas, os movimentos corporais, as performances e os rituais, tanto no Brasil como nos Estados Unidos.

A fim de realizar uma análise consistente dessa escolha, me decidi por dois territórios da diáspora africana: a Mangueira, no Rio de Janeiro, e o Harlem, em Nova York, nos quais procurei, pelo convívio extenso com a população local, examinar a vida cotidiana como um ponto de partida. Diversas pessoas foram entrevistadas tanto no Harlem como na Mangueira e, em ambos os lugares, participei de suas rotinas diárias, gravei vídeos, observei as pessoas e a mim mesmo numa atitude "clínico-etnográfica", ao enfocar esse objeto, criar leituras e pontos teóricos a fim de analisar as conexões dos sistemas conjugados de categorização e gestualização relacionados àquelas palavras-chave, "ginga" e "cool", como expressões da tradição na diáspora.

Estabeleci como principal tarefa conhecer a cinestética e sua relação com o pensamento. Tomei de empréstimo o termo "cinestética", de Karel (1988, p. 252-81), que chama de "práxis cinestética" o conjunto de atividades tradicionalmente classificadas como dança, música, canção e poesia e, como musicólogo e pesquisador da dança, sua abordagem é baseada numa percepção da sensibilidade cultural africana como uma continuidade de espaço-tempo, onde a noção de ritmo aparece como elemento básico e cultivador de sentido.

Por isso, estabeleci os seguintes objetivos para investigação: 1) como essa cinestética tem sido recriada, reinventada, hibridizada e transformada em emblemas nacionais e políticos; 2) como essa tradição cinestética tem sido gerada pela interferência na cultura corporal cotidiana daqueles sujeitos, e funcionado como um componente da ordem social; e, por fim, 3) como esses processos poderiam indicar modos de pensamento.

O *cool* Harlem

O Harlem tem sua história iniciada no século XIX, quando alemães, judeus, holandeses e italianos habitavam aquela área e produziam formas de sociabilidade bem integradas.

Na década de 1920, o Harlem se transformou em uma meca internacional para negros, nos Estados Unidos, chamando a atenção do mundo. Era a época do Renascimento do Harlem (Baker Jr., 1987), denominação do movimento cultural surgido naquele momento e que combinava uma vasta gama de artistas que promoviam, por meio da boemia (no sentido popular), encontros literários, musicais, de artes visuais e de moda, oferecendo uma ampla variedade de oportunidades para poetas, cantores e todos os tipos de artistas negros.

O Harlem, um bairro específico na região de Manhattan, centro comercial de Nova York, tornou-se, aos poucos, uma cidade dentro da cidade. Lá viviam mais de 100 mil negros e, para a maioria deles, tratava-se de uma "cidade refúgio" (Johnson, 1968) para não brancos, na qual podiam escapar do controle do sul, de onde a supremacia branca irradiava sua ira. Por essa razão, o Harlem se constituiu em um protótipo de autodeterminação, também o berço da articulação cinestética poético-política negra, cuja máxima expressão era o jazz. O movimento cultural e político do Harlem se tornou algo como um estado mental e uma espécie de "incorporação cultural de um Novo Negro" (Locke, 1969).

Com essa representação, o jazz adquire a marca de força social contida e expressa no movimento cultural e político que o Harlem marcara. Resulta, então, um fato muito relevante: no uso diário, pessoas se apropriavam da palavra "cool", passando a pronunciá-la como um marcador indicativo daquela condição estética e política e, desse modo, imprimindo um sentido bastante diferente do usual da palavra que circulara desde então, como um tropo cultural.

Isso ocorreu quando o conjunto de categorias culturais que foram previamente localizadas em esferas segregadas da vida cotidiana americana se tornou publicamente articulado — período historicamente datado nos anos 1940 e 1950, precisamente quando o ritmo se converte em um nítido motor da atitude americana. É esse o momento correspondente à abordagem pós-*bop cool* (Jones, 1963) na música, muito baseada em Miles Davis e Lester Young, por um lado, e em músicos brancos, por outro. É o momento em que o estilo e a atitude *cool* inundam a América e se tornam uma expressão pública que faz que levas de americanos sucumbam à atitude pós-guerra.

Mais que um mero estilo musical, o *cool* se tornou uma filosofia social/moral apropriada por diferentes americanos brancos e manipulada por negros com diferentes motivações ontológicas. E, mais uma vez, o ritmo faz da presença da pessoa algo crucial, porque os corpos podem ser cristalizados numa constelação de estilos não verbais que passam por um processo entrelaçado que difunde a si mesmo pelo ambiente e, por sua vez, faz os corpos absorverem a qualidade *cool* do ambiente. É a cinestética em ação.

Esses estilos adotam uma expressão molecular que ativa homens, mulheres, jovens e mais velhos, por meio de uma série de comportamentos: 1) estilos de cabelo; 2) modos de andar; 3) posturas corporais; 4) apertos de mão; 5) olhares; 6) dança; 7) esportes; 8) elegância de estilo; e 9) beleza. Todas essas múltiplas estilizações tornam típico o comportamento expressivo afro-americano (constelação de estilos) e tornam tópica uma estética que se instala como marcador da diferença racial nos Estados Unidos.

Ao longo do tempo, o termo “cool” foi esvaziado desse sentido comum e se tornou um significante flutuante. Para definir o “significante flutuante”, é de grande referência na antropologia filosófica a contribuição de Gil (1988, p. 124-42), que nos ajuda a pensar o revigoramento do posicionamento particular do negro na comunidade. Todavia, se o enunciador da palavra “cool” é um afro-americano, este, ao se dirigir a um ouvinte que não é afro-americano, certamente precisa colocar o que está querendo dizer no quadro da conversação cotidiana, dos gêneros, dos níveis de experiência racial e do contexto. Somente dessa forma pode-se captar a relevância sobre o que está sendo enunciado e o que a intencionalidade do locutor significa nesse campo preciso de representação.

Em uma análise mais ampla, a postura ou atitude *cool* tem sido considerada problematicamente desviante, devido a seus efeitos antiautoritários (tais como o comportamento violento nas ruas e em casa, a promiscuidade sexual e problemas na escola). De acordo com o sociólogo Elijah Anderson (1990), os jovens internalizaram e aprenderam sobre as ruas usando uma estética da postura *cool*. Os códigos de rua gerados são classificados como conceitos, condutas e ações qualificadas como rudes, duras, guerreiras, que eles consideram como virtuosas, na medida em que são consideradas rituais de passagem.

A qualidade de ser *cool*, como um estilo absolutamente do homem negro resultante de questões políticas surgindo em áreas urbanas, vincula um contrapoder cotidiano ao discurso dominante. Constitui uma espécie de protesto contra os estilos dominantes em diferentes níveis. Está ligada, portanto, a um estilo masculino negro realizado com procedimentos não verbais usados para pensar, agir, interpretar e construir uma identidade masculina, considerada como portadora de uma sabedoria "natural" e relacionada a um senso de proporção, equilíbrio, busca de contenção, produtividade e sucesso.

O que é muito significante aqui é o fato de que, na língua inglesa, o *cool* tem funcionado como uma máscara para melhorar a autorrepresentação desde, pelo menos, o século XVIII, quando aparece em *A dictionary of the English language*, de Samuel Johnson (1755/1983). Nesse dicionário (diferente de obras publicadas anteriormente[1] , onde o termo "cool" não aparece), a palavra "cool" é definida como "conter a paixão; acalmar a raiva; moderar". Entretanto, a mesma rede semântica de *cool* já havia sido cultivada por Shakespeare, em *Henrique IV*, no final do século XVI.

De outro lado, Ferris Thompson (1966) inaugurou a análise do *cool* ao afirmar que o comportamento gestual e corporal negro deriva de alguma espécie de essência africana. Thompson estetizou esse fenômeno, documentado por textos não verbais de dança entre os iorubás, quando considerou que sua semelhança com a proporção e o ritmo é um dos cânones mais importan-

1. Citamos com o intuito de exemplificar, mas existem outras, como *An English expositor*, de John Bullokar (Menston: The Scholar Press, 1616/1967); e *The English dictionary*, de Henry Cockeram (Menston: The Scholar Press, 1623/1968).

tes da África ocidental. Ele apresentou a ideia de que *coolness* seria uma "qualidade de ser 'cool', no sentido de controle e simetria, parece [ser] uma metáfora do 'espiritual'".

Em contrapartida, com Emmanuel Kant, a ideia de *cool* aparecerá em sua obra *Observações sobre o sentimento do belo e do sublime*, publicada em 1764.

> O homem inglês é *cool* no início de todo contato e indiferente em relação a um estrangeiro. Tem pouca inclinação para pequenas complacências; de outro lado, tão logo faz um amigo, mostra-se bastante prestativo. Mostra pouca dificuldade para ser espirituoso em ambientes sociais ou para exibir um comportamento cortês; ao contrário, é razoável e estável. É um mau imitador, se preocupa muito pouco com o que os outros pensam e segue apenas sua opinião. [...] É imperturbável, às vezes até obstinado, corajoso e determinado, quase sempre audaz, e age de acordo com princípios, a ponto de ser cabeça-dura. Facilmente torna-se um excêntrico, não por vaidade, mas porque se preocupa pouco com os outros, e não gosta de violentar seus gostos por complacência ou imitação [...]. (Kant, 1997, p. 53, tradução minha)

Portanto, a ideia do *cool* que encontramos na língua inglesa pode se relacionar com noções de calmo e relaxado, como verificamos em diversos dicionários. Desde o século XVI, a expressão tem sido usada significando "conter a raiva", como fez Shakespeare em *Henrique IV*. Entretanto, segundo Thompson (1966), na mesma época de Shakespeare, na área da África ocidental, a cultura africana já tinha conseguido desenvolver uma extensa prática com seu corpo, que a levou a realizar e celebrar esse significado como um modo de ser.

Assim, o encontro entre as duas civilizações, em torno do século XVII, e a incorporação do inglês como um meio oficial para as pessoas negras conduzidas às áreas coloniais sob o controle do Império Britânico, promoveram um processo de encapsulação do significante inglês, que operava simbolicamente de forma dupla: a combinação entre o significante e o sentido remodela o signo, de modo a criar um novo signo, em visível semiose num processo polissêmico, porque pertence a dois mundos com dois intérpretes diferentes.

A palavra ganha uma dimensão categorial da fala e torna-se um acontecimento muito significativo, público, mas em outra esfera, que pode ser oculta daqueles que estão situados numa esfera étnica diferente. Dessa forma, a definição da qualidade de ser *cool* para os afro-americanos configura o seguinte conjunto de possibilidades: 1) uma característica fundamental que retrata o homem afro-americano e sua luta para afirmar sua masculinidade ou conter a raiva; 2) uma conexão estética derivada da proporção, do movimento e da percepção rítmica que resulta de lutas relacionadas a raízes culturais africanas; 3) uma articulação do significante "cool", na língua inglesa — cuja sintagmatização se refere a raiva/quente/fúria —, e sua união com o imaginário dos descendentes africanos, que enfatiza a proporção, o ritmo e o movimento; e 4) um procedimento para mascarar o posicionamento emocional.

Ginga Mangueira

A Mangueira, uma das comunidades afro-brasileiras mais antigas do Rio de Janeiro, teve os seus primeiros habitantes — africanos ou descendentes de africanos — como testemunhas das realizações culturais significantes nos anos 1920. Ela se tornou a "casa do samba" em 1928, quando nasceu a Escola de Samba Estação Primeira de Mangueira, um centro poético e político para a negritude do Rio de Janeiro. A Mangueira é o lugar onde surgiu a palavra "ginga" e, juntamente com sua fachada categorial, fez dela um tropo e um símbolo de poesia e resistência. Até 10 ou 15 anos atrás, podíamos encontrar na Mangueira os traços mais marcantes das tradições africanas no Brasil, tais como: a capoeira, o jongo, o tambor de crioula, o candomblé e a macumba. Ainda que a situação atual não seja a mesma, a Mangueira permanece como algo à parte, como uma pérola da poesia de resistência e de mobilização política.

A dimensão cognitiva da palavra "ginga", que tem moldado o comportamento das pessoas por séculos, pode exemplificar essa ideia e aumentar nossa compreensão de como a cultura brasileira funciona nos tempos atuais. Esse processo sintagmático é responsável pela criação de uma espécie de "communitas" intersubjetiva, na medida em que a nomeação metafórica envolve elementos de oralidade performativa.

Em outros casos, a ginga emerge como uma categoria paradigmática cuja performance ativa uma função metonímica que conserva a tradição nela incorporada. Assim, por meio da ginga, corpo e mente são ajustados e integrados para definir de acordo com sua própria dinâmica aquilo que, de outra forma, é considerado percepção social, construção cultural e modos de pensamento ou cognitividade. Em todo o conjunto de significados que carregam e descarregam, os dicionários apresentam isso como fato. Eles podem indicar um lugar de memórias de formas de perceber o outro. Mostram também como, ao longo do tempo, essas percepções foram construídas, administradas, introduzidas e imbricadas na linguagem e no discurso pela inteligência colonial. A visibilidade do processo de incorporação da linguagem e suas mutações internas se revela de forma mais evidente em palavras-chave, quando combinamos a abordagem estrutural (sincrônica) com essa investigação histórico-comparativa da linguagem.

O trabalho de Lourenço Tavares, linguista e missionário português, herdeiro de mais de quatro séculos de contato entre as línguas portuguesa e kikongo, é um exemplo desse tipo de empreendimento colonial. O trabalho de Tavares entre os kisolongos, um subgrupo kikongo situado na África Central, revelou alguns pontos de vista interessantes, documentados em sua *Gramática da língua do Congo (Kikongo) — Dialecto Kisolongo*, publicada em 1934 pela Imprensa Nacional da Colónia de Angola. De início, deveríamos considerar a intenção colonial do autor, conforme assentada pelo prefácio de M. M. Cunha, que abriu com uma citação de J. Almeida da Cunha (um secretário geral modelar de Angola) retirada de seus *Apontamentos linguísticos* (1885): "Enquanto não compreendermos bem os povos africanos nem poderemos exercer domínio eficaz nem dar-lhes ensino profícuo, e muito menos substituir à deles a nossa língua" (apud Lourenço Tavares, 1934, p. 3).

Esse discurso demonstra o engajamento absoluto no empreendimento colonial. Também mostra a colonização portuguesa como preparada tecnicamente para o "lucro" e o trabalho de dominação cognitiva dos nativos da região de Kikongo, bem como a profunda consciência do domínio da linguagem como operação psicopolítica. Assim, o autor (1934, p. 5) acreditava que

> o conhecimento prático das línguas indígenas era de necessidade impreterível para a nossa ação civilizadora, sob qualquer aspecto que esta se considere, na administração, na obra missionária, no comércio, no alargamento da língua

> portuguesa, na prática, enfim, dos interesses comuns que todos têm a peito para a eficácia da boa política indígena, da assimilação entre os povos que estão confiados à nossa proteção e tutela. E assim, os trabalhos que, familiarizando-nos com essas línguas incultas, vêm facilitar e tornar mais seguro o contato com os povos, revestem por isso a maior importância.

Todavia, em meio às digressões colonialistas de Lourenço Tavares, o glossário kisolongo apresenta a mais precisa e perspicaz definição da ginga, qual seja, movimento permanente e infindável, cujo sentido se vincula de forma muito precisa à ideia corrente que rege um dos mais vívidos e nucleares conceitos na capoeira, além de ser frequentemente usada como uma expressão entre os afro-brasileiros e outras pessoas de comunidades de baixa renda.

A presença central da ginga na capoeira começou no início do século XX, devido ao fato de que ela funciona como uma categoria somática, condensando a maior parte da informação sobre a percepção africana do corpo e sua relação com uma ontologia africana. Ginga é uma variação do nome da rainha Nzinga[2], que liderou as guerras de Angola contra os portugueses. O significante africano se uniu ao imaginário português em relação à ideia de ter a capacidade de tolerar o outro, a fim de obter o melhor dele. Essa semântica emerge nitidamente ao longo das guerras de Angola, quando os portugueses conseguiram dominar a resistência africana ao escravismo. Nesse momento, havia uma política estatal claramente definida por Portugal, de dissimular o confronto tanto quanto possível, ainda que mantendo em andamento a colonização e o projeto de tráfico escravista. O quadro começou a mudar no imaginário português depois do século XVIII.

Na língua portuguesa, "ginga" surgiu com um duplo vínculo: primeiro, como um efeito metonímico da outra palavra, "Nzinga". Nzinga, a rainha mbundo que lutou e negociou simultaneamente em quatro frentes, foi também a primeira mulher a conduzir o Reino Mbundo e a sofrer forte oposição dos feiticeiros, dos agricultores e dos guerreiros imbangalas, chamados jagas ou yakas pelos portugueses. Fora do Reino Mbundo, a rainha Nzinga teve ainda que guerrear contra os portugueses durante décadas.

---

2. Para fontes primárias sobre as atividades de Nzinga contra o império português, veja Brásio, 1953.

Além de significar movimento, a palavra "ginga" era identificada pelos portugueses como o nome dos guerreiros de Nzinga, bem como seu território, provavelmente porque a estratégia de Nzinga caracterizava-se pelo movimento de "vai e vem" (Miller, 1988) em todo o corredor do tráfico de escravos português. Além disso, os colonizadores costumavam estender ao território e às próprias pessoas o nome dos grupos que tinham conquistado (Thornton, 1988). Assim, apropriada pelos descendentes tanto portugueses quanto africanos sob a conquista lusófona, o vocábulo "ginga" tornou-se uma figura de fala, indicando equilíbrio, balanço, estilização, negociação, não confrontação e algo como "estar em paz com Deus e com a vida", isto é, algo como um equilíbrio cósmico.

Hoje, ainda, ginga nos fala do caminhar afro-brasileiro nas ruas ou do "jogo de quadris" no samba, na capoeira e no futebol. Torna-se uma percepção das coisas vivas, que captura o ritmo da vida. Em resumo: ginga é um processo dinâmico irredutível à mera linguística, que implica um efeito transgenérico: 1) estilo de caminhar e se vestir que estabelece uma identidade étnica, recriando o corpo negro como um lugar de memória e autoidentificação da masculinidade afro-brasileira; e 2) sentido de harmonia, de divino e de sabedoria para algumas das mulheres entrevistadas. Esse é um ponto de destaque e uma razão importante pela qual vejo a ginga como um tropo dominante correspondendo a um tipo de senso rítmico e que funciona como um gênero de conhecimento para a representação cultural mediante a ação corporal.

Como tropo cultural para um *sentimento* particular que implica prática corporal, a ginga torna-se uma ponte entre práticas e percepções da vida cotidiana, criando uma compreensão sintética. A ginga se realiza como busca de uma forma de vida balanceada, representada pelo fluxo e pelo ritmo por meio das ideias em movimento. Quando temos ginga, temos acesso a mais opções nos contextos sociais para obter igualdade, e pressupomos acesso mais comprometido com a capacidade dinâmica de tomar decisões. E, no universo afro-brasileiro no contexto carioca, a ginga está próxima da ideia de um redirecionamento rápido; assim, ajuda a melhorar a autorrepresentação ou estilização.

É uma categoria que corre paralela ao discurso e à memória colonial, estando associada com o corpo e a autoapresentação cotidiana: gestos, vestuário, modos de andar e, acima de tudo, postura social.

A imagem que a palavra "ginga" suscita nos entrevistados negros na Mangueira é tão forte que, ao ser indagados sobre seu significado, eles tinham de realizar uma performance para expressá-la; consequentemente, com a ação performática, tornavam visível a incorporação total do reino semântico. Por sua vez, quando eu perguntava sobre a ginga aos não negros da Mangueira, de imediato eles a associavam tanto ao "jeitinho" quanto à capoeira, sem ir além dessas conotações do lugar-comum.

De fato, existe uma significativa *distinção racial* a respeito do significado da ginga, o que a transforma em porta de entrada do imaginário africano em conjunção com a história e a sociedade brasileira. Não era simplesmente uma expressão corporal para reforçar sua performance, tal como as pessoas usualmente entendem a gesticulação e o movimento do corpo, que são componentes do processo comunicativo mesmo quando expressamos uma proposição, porque as expressões gestuais ou corporais fazem uma apresentação do significado como parte da verdade que expressam e são, por essa razão, um componente comunicativo da conversação (Armstrong, 1995; Kendon, 1983).

A *imagem retratada* e o *gesto apresentado* são elementos constitutivos da *figura gestáltica* que o significado implica. A imagem evocada na conversa compõe uma moldura que contém imagens expressivas e comportamentos corporais que podem indicar um protótipo ou estratégias cruciais para o processo comunicativo. Transformada em conceito étnico, a ginga tem a função de operar em múltiplos mundos na vida cotidiana dos negros no Brasil, mostrando-se como um mapa cognitivo para suas atitudes. Com tal mapeamento simbólico, gera condições protetivas que resultam em atitudes passíveis de sucesso. Baseado nesse mapa (ginga), um conjunto de atividades cognitivas são definidas como uma série de tarefas: tomada de decisões, estilo, ética, acesso a múltiplos mundos, autoapresentação, autoconstrução, atitude, conduta e, em um nível muito concreto, modos de andar.

Quando as pessoas definiram ginga, revelaram uma espécie de memória mínima específica de movimentos corporais bastante constantes entre elas e presentes em sua vida cotidiana. Assim, como componentes do processo de comunicação, essas minimalidades incluem os ombros em movimento, por exemplo. Isso poderia ser uma metáfora gestual que reconstrói a trilha estreita pela qual o corpo tem de passar. Aponta para um conhecimento holístico que cria uma espécie de "lógica de negociação", e não uma "lógica de confrontação". A negociação é garantida pelo ajuste do corpo a essa lógica, bem como pelo "bom humor" constante, parte da filosofia empiricamente ampla cujo emblema se refere a uma "alegria de viver" (Tavares, 2020b, p. 46-8).

Ousa-se dizer que há uma gramática na regência desses comportamentos, um caminho aberto para se pensar essas práticas minimais que surgem, de certo modo, costurando as práticas comunicativas cotidianas. Todavia, é importante destacar que elas não estão necessariamente ocultas no campo semântico, embora sejam parte dele. Ginga denomina *o movimento incessante que é a característica central da performance*. É somente a partir do século XIX que o vocábulo emerge condensando a maioria das informações sobre a percepção do corpo e sua relação com a ontologia africana. A capoeira é uma mostra desse cenário onde a ideia de ginga é a pauta e o texto de toda a movimentação rítmica do jogo; por ela, todos os arranjos cinéticos de defesa e ataque se configuram e atuam como elemento-chave na dissimulação da intenção do jogador (Tavares, 1984; 2013). Isso mostra que ginga é um conceito denso que não nos fala somente sobre a cinética do corpo humano na vida cotidiana, mas também se refere à cinética no mundo vivo, à sabedoria e à estética de viver.

Em outras palavras, ginga é percepção que capta o ritmo da vida. E, porque tem sido uma palavra usada de forma muito frequente para expressar formas incorporadas de agir (seu vigor, sua força, vontade e sensualidade) na vida cotidiana dos afro-brasileiros e de outras pessoas de comunidades de baixa renda, a ginga adquiriu uma marca simbólica. Esse simbolismo surge de forma integrada e dissimulada em uma série de indicadores que identificam a ginga como um signo, cuja função implica considerá-la como em sua configuração holística.

Dessa maneira, será possível dizer que a ginga opera com e em, pelo menos, dois mundos. Em primeiro lugar, numa esfera mundana, a ginga emana um efeito cinético que provoca movimentos corporais e evoca os quadris e os ombros como seus domínios-fontes — as pessoas tendem a acrescentar movimentos de ombros e quadris quando se referem à ginga, embora sem nomear, na maior parte do tempo, essas partes do corpo como domínios conceituais da ginga. Essa gesticulação resume como a ginga implica um estilo de andar, de vestir, e como a identidade étnica recria o corpo negro como um lugar de memória e autoidentificação para a autoestima, a autoapresentação e/ou a estilização afro-brasileira. Isso ocorre quando as pessoas identificam a ginga como sendo de origem africana, ou como uma marca da diáspora africana. Em segundo lugar, no imaginário mental, a ginga opera como uma forma de pensar que tem a metáfora do corpo como uma referência, como um significado, onde quer que a ação seja capaz de incorporar dificuldades e criar outras oportunidades.

Oportunidades são criadas no contexto do anseio relativo a um objetivo imediato ou a um comprometimento cósmico e moral que, nesse caso, implica uma filosofia moral. Ginga é um estado mental que gramaticaliza o funcionamento cognitivo de uma forma muito peculiar e que recria entre os descendentes africanos no Brasil elementos da gnose bantu, ou, mais precisamente, kikongo e kimbundo. Ao mesmo tempo, ela se torna um conceito nuclear, atuando como um senso de ritmo pragmático-transcendental que define um imaginário filosófico moral.

Como vimos, o pacote semântico que a ginga constitui tem provavelmente em seu núcleo uma articulação do efeito de variação metonímica do nome 1) da rainha mbundo Nzinga, que liderou as guerras de Angola contra os portugueses; e 2) de "jinga", uma palavra mbundo cujo universo semântico é centrado em torno da ideia de "movimento incessante, articulação infindável". Os envelopamentos do significado correspondente em mbundo com os significantes africanos são ligados ao imaginário português em relação à ideia de se ter habilidades permanentes para tolerar o outro de modo a obter a melhor acomodação.

Performance incorporada de formas de vida contracoloniais

O movimento e o sentimento imbricados nas experiências cotidianas de ginga e *cool* convertem-se em recursos microfísicos para o processo comunicativo resultante. Assim, lidos como configurações esquemáticas, protótipos trópicos, portais de entrada para as compreensões culturais, tais tropos se tornam componentes da gramática cultural da experiência da diáspora africana que, como armas políticas, se transformam em ferramentas teóricas. O conceito de gramática aqui articulado é entendido como a construção pública e corporal (experiencial) mediante o imaginário dos atores sociais, tomando por base a formação de suas memórias. A ideia de gramática da diáspora africana com os tropos culturais ginga e cool expressa um sentimento emergente como pontes entre as práticas cotidianas e as afecções a elas manifestadas como sotaques corporais com múltiplas origens (Tavares, 2020a, p. 21-3).

Ginga e *cool* funcionam como categorias que encapsulam, modulam e criam um tipo de função dupla. A primeira transforma a categoria da fala em figuras da fala, em metáfora. A segunda transforma essas figuras da fala em modelos culturais cujas reverberações tornam-se paradigmas nacionais. Desse modo, conectam o locutor ao ouvinte em um quadro que projeta a identidade étnica, cultural e nacional como componentes de autorreferenciação e autenticidade.

Sendo modeladores culturais, ginga e *cool* enunciam uma composição de hábitos, estilos e ritmos do ser e, portanto, agenciam buscas por uma forma de vida equilibrada, representada por fluxo e ritmo mediante um jogo de duas chaves: movimento e emoção. "Ter ginga" ou "ser *cool*" imprimem a sensação de flexibilizar situações sociais adversas na garantia de acesso a um panorama com opções que exercite saídas apropriadas sem o risco de acidentes e gatilhos excludentes e, por vezes, da letalidade no contexto das subjetividades exclusionárias reinantes. Pressupõem a sabedoria de estar comprometido com a capacidade de tomada de decisão para sobreviver e continuar existindo. Ambas as categorias correm paralelas à memória e ao discurso colonial, pois estão associadas ao corpo e à autorrepresentação cotidiana: gestos, roupas, formas de andar e, sobretudo, postura social, crucial nas duas categorizações. Essas categorias se tornam tropos peculiares na cultura popular, ao combinarem suas funções de emblemas poéticos e paradigmas políticos, frequentemente cruciais para a sobrevivência no dia a dia.

Essa sobrevivência, produto de intuitiva cognição negra, elabora e conduz a circularidade poética e política da resposta à ubiquidade do racismo e da segregação racial tanto no Brasil como nos Estados Unidos. Sempre permeadas por marcas da estética e da política, essas ferramentas contracoloniais agenciam o combate autopoético, multidimensional. E, dessa maneira, impedem que o racismo seja reduzido à condição estrutural, institucional ou interpessoal.

Cool e ginga consolidam-se, portanto, como chaves modais para uma compreensão multidimensional dos atravessamentos do racismo por todas as camadas do sistema social em todos os países da diáspora africana.

Assim, interpreto e abordo a linguagem como um campo extenso que contém todas as forças possíveis capazes de tornar o sentido ativo e uma forma de vida, isto é, signos verbais e não verbais, palavras, gestos, imagens e contextos com suas referências de tempo-espaço, as quais são constituídas sobretudo fisicamente e enunciadas de forma pragmática em todos os eventos performativos na condição de discurso (Hanks, 1996).

Faço uso do conceito de linguagem como uma clara articulação de atores historicamente contextualizados e discursos. O elemento central para esse processo é o *corpo*, o lócus onde o campo social é construído. Nesse modelo, as categorias da fala ou a fala das categorias definem (e são definidas por) *hábitos*, estilos e ritmos do ser, podendo se tornar componentes étnicos, culturais e nacionais de autorreferenciação, bem como de autenticidade. Decorre, então, que linguagem é uma superposição de práticas corporais. E, em consequência, as práticas corporais são penetrantes ferramentas conceituais para que se percebam os lugares políticos, as localidades de confronto e de tolerância na África da diáspora. Esse fenômeno é enunciado como uma espécie de consciência, *Eu* incorporado, uma fenomenologia corporal da comunicação sustentada por ritmos que são expressos por meio de minimalidades, constituindo-se em intenso armazenamento de intuição, emoção, sentimentos e pensamentos, mediante uma mente incorporada.

Por isso, atos de exclusão e pertencimento, racismo e contrarracismo ou formulações de poder e contrapoder revelam em suas materialidades narrativas os atos comunicativos ou discursivos, demonstrando até que ponto estão subsumidos pela linguagem, isto é, pela fala, por gestos, objetos, imagens, tonalidades, sons, aromas e atitudes performáticas. E a percepção da transformação do estado de coisas é que, pela palavra, como ação corpórea, também se desmancha a obra colonial. A palavra, como performance corpórea e identitária, enlaça a ação do sujeito e o faz efetivamente inteiro e presente no desmanche da colonialidade, a substância legada da colonização. Tropos culturais, tais como ginga e *cool*, são, portanto, ações contracoloniais dissimuladas.

Vista por essa moldura, a diáspora torna-se uma mistura de memórias geograficamente deslocadas por diferentes lugares, memórias que surgem não somente por meio de raízes e rotas (Gilroy, 1993), mas também por rebeliões e ritmos. Essa consideração indica um tipo de cenário de "consciência dançante", onde a defasagem entre ações e fisicalidades que percorre o processo de cognição é repleta de movimento e sentimento. Falar sobre isso é falar sobre nós, sobre a vida, e isso não tem uma conclusão. É real, vital, letal e essencial.

Em essência, a única coisa existente é o ritmo! Notoriamente aberto para ser apropriado pelos deslocamentos rápidos dos neurônios, por corações e pulmões, pela música e pela poesia, pelos astros, pelo vento e pelas marés, por linguagens e pensamentos, locomoção e sonhos, sugerindo o entrelace dos ritmos biológico, social, natural, cultural, físico e metafísico. O ritmo está sempre "entre", na margem de tudo, disperso, fractal e universal, *quantum* e *qualia*. *Gestus* e dança da vida. É por isso, precisamente, que qualquer teorização possível sobre o ritmo é sempre política, porque para captar sua densidade inalcançável devemos ir além do signo, do texto e da narrativa. Sem ele, não há ações sígnicas nem articulações narrativas. O ritmo significa que, junto do lugar, da percepção do corpo, da conexão cosmológica e do que quer que seja, só existe *interseção*, *entrelaço* e *fluxo*.

Referências bibliográficas

ANDERSON, Elijah. *Streetwise*: race, class, and change in an urban community. Chicago: University of Chicago Press, 1990.

ARMSTRONG, David. *Gesture and the nature of language*. Cambridge: Cambridge University Press, 1995.

BAKER JR., Houston. *Modernism and the Harlem Renaissance*. Chicago: University of Chicago Press, 1987.

BISPO, Nêgo (Antônio Bispo dos Santos). "As fronteiras entre o saber orgânico e o saber sintético". In: OLIVA, Anderson Ribeiro et al. (orgs.). *Tecendo redes antirracistas*: África, Brasil, Portugal. 1. ed. Belo Horizonte: Autêntica, 2019.

BRÁSIO, António (org.). *Monumenta missionária africana*. v. 2. África Ocidental. Lisboa: Agência Geral do Ultramar, 1953.

BURKE, Peter. "Introduction". In: BURKE, Peter; PORTER, Roy (orgs.). *The social history of language*. Cambridge: Cambridge University Press, 1987.

FOUCAULT, Michel. *The history of sexuality I:* an introduction. Nova York: Pantheon, 1978a.

______. *The history of sexuality II:* the use of pleasure. Nova York: Pantheon, 1978b.

GIL, José. *Corpo, espaço e poder*. Lisboa: Litoral Edições, 1988.

GILROY, Paul. *The Black Atlantic*. Cambridge: Cambridge University Press, 1993.

GUATTARI, Félix. *O inconsciente maquínico*: ensaios de esquizoanálise. São Paulo: Papirus, 1988.

HANKS, William F. *Language and communicative practices*. Oxford, Reino Unido; Boulder, Colorado: Westview, 1996.

JOHNSON, James Weldon. *Black Manhattan*. Nova York: Hill and Wang, 1968.

JOHNSON, Samuel A. M. *A dictionary of the English language*: in which the words are deduced from their originals and illustrated in their different significations by examples from the best writers, to which are prefixed. A history of the language, and an English grammar. Londres: Times Books, 1983 (1755).

JONES, LeRoi. *Blues people*: the Negro Music in White America. Nova York: William Morrow, 1963.

KANT, Immanuel. "Observations on feeling of the beautiful and sublime" (1764). In: EZE, Emmanuel Chuckwudi (org.). *Race and Enlightenment*: a reader. Cambridge: Blackwell Publishers, 1997.

KAREL, Arnault. "Africans dance in time: kineasthetic praxis and the constructing of a community in cultural dynamics". *Cultural Dynamics*, Leiden, v. 1, n. 3, 1988, p. 252-81.

KENDON, Adam. "Gesture and speech: how they interact". In: WIEMANN, John M; HARRISON, Randall P. (orgs.). *Nonverbal interaction*. Beverly Hills: Sage, 1983, p. 13-45.

LOCKE, Alain (org.). *The new negro*. Nova York: Atheneum, 1969.

LOW, Setha M. "Embodied metaphors: nerves as lived experience in embodied experience". In: CSORDAS, Thomas (org.). *The existential ground of culture and self.* Cambridge: Cambridge University Press, 1994.

MAUSS, Marcel. *Sociology and psychology*: essays. Tradução de Ben Brewster. Londres: Routledge and Kegan Paul, 1979.

MILLER, Joseph C. *Way of death*: merchant capitalism and the Angolan slave trade 1730-1830. Cambridge, WI: University of Wisconsin Press, 1988.

TAVARES, Julio Cesar de S. *Dança da guerra*: arquivo-arma. Dissertação (Mestrado em Sociologia) — Departamento de Sociologia, Universidade de Brasília, 1984.

______. *Gingando and cooling out*: the embodies philosophies of the African diaspora. Tese (Doutorado) — The University of Texas at Austin, 1998.

______. *Dança de guerra*: arquivo e arma: elementos para uma teoria da capoeiragem e da comunicação corporal afro-brasileiras. Belo Horizonte: Nandyala, 2013.

______. "O que pode o corpo negro: uma introdução". In: TAVARES, Julio Cesar de S. (org.). *Gramática das corporeidades afrodiaspóricas*: perspectivas etnográficas. Curitiba: Appris, 2020a.

______. "'Ginga' como pensamento orgânico: políticas cognitivas e o projeto ontológico da diáspora africana. In: TAVARES, Julio Cesar de S. (org.). *Gramática das corporeidades afrodiaspóricas*: perspectivas etnográficas. Curitiba: Appris, 2020b.

TAVARES, Lourenço. *Gramática da língua do Congo (Kikongo)*: Dialecto Kisolongo. Luanda: Imprensa Nacional da Colónia de Angola, 1934.

THOMPSON, Robert Ferris. "An aesthetic of the cool: West African dance". *African Forum*, v. 2, n. 2, 1966, p. 85-102.

THORNTON. John. "The art of war in Angola, 1575-1680". *Comparative Studies in Society and History*, v. 30, n. 2, 1988, p. 361-78.

WITTGENSTEIN, Ludwig. *The blue and the brown book, dictated by Wittgenstein to students*. Nova York: Harper & Row, 1958.

4. O genocídio em Ruanda e o discurso religioso: uma análise da obra *Nossa Senhora do Nilo*, de Scholastique Mukasonga

Antonio Carlos Lopes Petean

> *Situada no âmbito do consciente, a memória é o objeto de recordação do conhecimento de tudo que é considerado permanente no acervo histórico e cultural de uma nação. Por sua natureza, a memória remete ao passado, associado à história, narrada por meio da escrita ou oralmente.*
>
> (Melo, 2009, p. 148)

Nas sociedades africanas, os *griots*[1] são os agentes responsáveis por manter a memória. São contadores de histórias que revivem a memória coletiva de um povo a partir das narrativas orais. Contudo, segundo Melo (2009, p. 149), esses contadores de histórias têm nomes distintos em diferentes partes da África: os *jeliya*, na Gâmbia e no Senegal; os *koyaté*, na Guiné; e os *dialis*, os *ologbo* e os *arokin*, na África Central e Oriental.

Como guardiões da memória, os *griots* estão investidos de um poder reconhecido pela comunidade para manter suas tradições e sua memória. Para Melo (2009), é por meio da fala desses guardiões que as lutas, as dores e as histórias épicas dos povos africanos se mantêm. Porém, no contexto da modernidade, além da oralidade dos *griots*, a literatura africana tem contribuído para a manutenção da memória e para o aprofundamento da reflexão sobre os efeitos nefastos do colonialismo europeu no continente. E um desses efeitos foi o

1. Termo de origem francesa, mais utilizado na África Ocidental, que usaremos aqui ao tratar da escritora Scholastique Mukasonga. Em português, o usual é "griô" para homens e "griote" para mulheres.

genocídio que atingiu o grupo étnico tútsi, em Ruanda, país situado no centro do continente africano.

Ocupando um espaço cada vez maior no cenário literário mundial, a escritora Scholastique Mukasonga, uma *griot* pertencente à etnia tútsi, tem como tema principal de suas obras literárias o genocídio de Ruanda — genocídio praticado pelos hutus, que vitimou aproximadamente 800 mil tútsis entre abril e julho de 1994. Essa barbárie fora apresentada pela mídia ocidental destituída de uma reflexão aprofundada sobre o colonialismo belga, mas repleta de imagens de homens empunhando facões e de corpos boiando nos rios e no lago Vitória. As imagens, fortes, eram corroboradas por um discurso midiático que realçava a ideia de um novo genocídio e suas semelhanças com o holocausto praticado pelos nazistas. Entretanto, o que de fato desencadeou esse genocídio em Ruanda não foi explicado pela grande mídia ocidental na época do massacre.

Diante da lacuna e do silêncio da imprensa, a escritora Scholastique Mukasonga tem contribuído com sua produção literária para manter viva a memória daquele genocídio. Mukasonga também apresenta as possíveis causas da barbárie que atingiu seu povo.

> Em sua obra, por diferentes prismas, diferentes pontos nevrálgicos de lutos e rupturas — passando pela criança que foi deportada à mãe que não queria ter o corpo exposto ao ser enterrada —, Mukasonga nos coloca diante de estilhaços de uma vida que caminha sob os ecos de uma tragédia, qual seja, a do genocídio dos tútsis pelos hutus em Ruanda. (Camargo, 2021, p. 102)

Na época, uma pergunta ficou sem resposta: o que teria motivado os hutus a dizimar quase 800 mil pessoas da etnia tútsi? Durante séculos, hutus e tútsis partilharam o mesmo espaço geográfico, no centro africano, estando presentes em Ruanda, Uganda e no Burundi, e os dois povos têm tradições semelhantes. É importante ressaltar que os tútsis são pastores e os hutus, agricultores, conhecidos como os homens da enxada, segundo Mukasonga (2017). De acordo com Fonseca (2019), a sociedade ruandesa sempre fora constituída por três grupos étnicos: os tútsis, os hutus e os tuás, grupos que compartilhavam diversos elementos culturais coletivos que os tornavam uma sociedade "coesa". Porém, os tútsis, que sempre foram minoria em Ruanda — a qual ficou sob o controle exclusivo da Bélgica[2] após a derrota alemã na Primeira Guerra Mundial —, foram "elevados" à condição de "parceiros" do colonialismo belga. Acontece que a região onde se situa Ruanda, da metade do século XIX até a Primeira Guerra Mundial, foi colonizada pela Alemanha e pela Bélgica. E, após a Segunda Guerra Mundial, ficou exclusivamente nas mãos dos belgas, que exerceram o controle da região por meio de uma monarquia tútsi. Essa colonização desabou nos anos 1960. Para Fonseca (2019), o processo revolucionário que ocorreu em Ruanda fora concomitante ao processo de independência, e ambos estiveram intimamente ligados à superação da monarquia local, constituída por uma aristocracia tútsi, aliada da Bélgica — uma minoria que se beneficiou da aliança com o colonizador e estabeleceu um rígido controle sobre os demais grupos étnicos (hutus e tuás).

> Essa relação de dominação entre tútsis e hutus era constituída principalmente a partir de diferentes práticas sociais costumeiras que determinavam diferentes responsabilidades e deveres para tútsis e hutus, de modo que não era necessário que os tútsis exercessem violência na forma de uma coerção física para manterem o seu domínio social. (Fonseca, 2019, p. 4)

Por isso, a construção da revolução e da independência (1962) não estiveram diretamente ligadas a uma crítica aos colonizadores belgas, mas a uma elite monárquica tútsi, que detinha boa parte das terras ruandesas. E, segundo Fonseca (2019), se essa elite monárquica tútsi fora parcialmente sustentada e elevada pelo próprio poder colonial belga, assim que a luta pela independência se intensificou, ela foi abandonada pelos colonizadores — que, ao contrário, apoiaram a revolução e uma saída negociada para a independência.

Entretanto, no decorrer da colonização, a administração belga justificou essa posição dos tútsis, afirmando que eles eram "superiores racialmente" diante da imensa maioria composta pelos hutus, afastados das instâncias administrativas. Os tútsis se beneficiaram desse discurso, baseado no darwinismo

2. Segundo Serrano e Waldman (2007, p. 245-6), Burundi e Ruanda foram entregues à Bélgica após a Primeira Guerra Mundial como recompensa pela sua participação na Tríplice Aliança (França, Inglaterra e Rússia).

social[3], que lhes conferia uma posição e lhes garantia benefícios econômicos e sociais, em detrimento de uma maioria que, alijada do poder, alimentou o ressentimento e o ódio contra o colonialismo e seus parceiros. No caso do colonialismo em Ruanda, as diferenças fenotípicas estavam presentes:

> Esse entendimento de uma separação física entre tútsis e hutus está diretamente vinculado aos estudos eugênicos e antropométricos realizados por europeus em boa parte do mundo, em que médicos e cientistas saíam da Europa para medir homens de diferentes regiões e proclamar a partir de tais estudos uma suposta superioridade biológica do homem europeu frente aos outros homens [...] É sempre importante deixar claro que tais estudos já foram por diversas vezes desmentidos e negados pela ciência contemporânea e que não possuem qualquer validade biológica, mas tal pensamento, infelizmente, ainda persiste em parte do mundo atual e serve apenas para legitimar algumas formas autoritárias de dominação, assim como se dera no final do século XIX e na primeira metade do século XX. (Fonseca, 2019, p. 6)

É importante ressaltar que, no decorrer do colonialismo belga, as missões religiosas europeias católicas foram responsáveis pelo discurso racista que se implantou em Ruanda. Por isso, o ressentimento e o ódio, lentamente, começaram a se manifestar entre os hutus, enquanto os tútsis, manipulados por uma administração colonial que se beneficiou com as divisões intensificadas, usufruíam da proximidade com o governo colonial. E, mesmo com a independência e a posterior construção da república, o ódio não fora banido de Ruanda.

Segundo Liiceanu (2014), sentimentos como a inveja e o ciúme são determinantes para que o ódio reine na sociedade, e uma pessoa odeia outra

---

3. Segundo Hofbauer (2006), no século XIX, as distinções entre "raças superiores" e "inferiores" abandonaram as explicações de ordem religiosa e adotaram "teses" amparadas em biometrias biológicas para classificar as raças humanas. E Francis Galton, apropriando-se das teses de Darwin sobre a evolução das espécies e a classificação das raças em superiores e inferiores, criou o darwinismo social. Para Diwan (2015, p. 31), "o darwinismo social vai se apropriar dessas ideias para legitimar seus desejos de controle ideológico. Baseados na luta pela vida, na concorrência e na seleção, os caminhos para solucionar os problemas sociais deveriam visar, acima de tudo, ao triunfo do indivíduo superior para, depois, aperfeiçoá-lo em busca do super-homem".

porque inveja aquilo que o outro tem, recebeu ou possui. Então, esse outro é odiado por ter um cargo público, bens materiais, prestígio pessoal ou gozar de regalias junto ao poder oficial.

São esses sentimentos, gestados durante o colonialismo belga e amplificados pelo discurso religioso, que a escritora Scholastique Mukasonga aborda em suas obras. No romance autobiográfico analisado neste capítulo, o leitor é confrontado com discursos religiosos que circularam no Liceu Nossa Senhora do Nilo, construído próximo à nascente do majestoso rio que deu nome ao colégio frequentado pelas moças de Ruanda.

É por isso que os discursos religiosos recordados por Mukasonga em *Nossa Senhora do Nilo* são de suma importância para compreender os ressentimentos e o ódio que aflorou entre as alunas hutus do liceu. A autora descreve essa escola como um termômetro para medir a temperatura do que estava por vir. Na obra, o discurso literário expõe o discurso religioso e racista que circulava em um colégio destinado a formar jovens para que cumprissem a sina de um bom casamento.

> É um liceu só de meninas. [...] O liceu foi construído no alto e bem longe para preservar as meninas, para protegê-las do mal e das tentações da cidade grande. É que as jovens do liceu têm a promessa de bons casamentos e, para isso, precisam manter a virgindade — ou, ao menos, não podem engravidar antes do casamento. [...] O casamento é algo sério. As internas do liceu são filhas de ministros, de militares de alta patente, de homens de negócio, de ricos comerciantes. O casamento das filhas é uma questão política para eles e as moças têm orgulho de si, elas sabem o valor que têm. Foi-se o tempo em que só a beleza contava. Como dote, as famílias recebem não apenas o gado ou os tradicionais jarros de cerveja, mas também algumas maletas cheias de notas e uma conta recheada no banco Belgolaise, em Nairobe e em Bruxelas. (Mukasonga, 2017, p. 5)

O liceu foi construído perto do Nilo, próximo ao santuário dedicado à Nossa Senhora, na época da independência de Ruanda. Diz Mukasonga que as moças do liceu geralmente iam até a nascente, em peregrinação, para fazer pedidos à Virgem Nossa Senhora do Nilo, e que acima das pedras há uma imagem da santa, que lembra a Virgem de Lourdes. A autora conta que foi o vigário apostólico que colocou a estátua naquele local. Diz, ainda, que poucos se lembram da cerimônia de construção do altar, que foi um ritual bonito: a imagem chegou carregada e coberta por um véu branco; quando este foi retirado, todos os presentes viram que a Nossa Senhora do Nilo era negra.

Segundo Mukasonga (2017, p. 9-10), durante o ritual, o vigário, depois de abençoar a imagem da santa, disse:

> As gotas desta água benta vão se misturar à nascente do Nilo e ao fluxo de outros córregos que se tornarão o Rio, e vão atravessar os lagos e pântanos, rolar nas cachoeiras, desafiar as areias do deserto, molhar os claustros dos antigos monges, atingir os pés da esfinge assombrada; é como se essas gotas sagradas, benditas pela graça da Nossa Senhora do Nilo, pudessem batizar a África inteira e esta África, tornada cristã, pudesse salvar o mundo da perdição.

Nessas palavras do vigário, percebemos o ideal da Igreja Católica Apostólica Romana de tornar o continente africano cristão e, para isso, nada melhor do que as águas do rio Nilo — que, segundo se propagou, estariam abençoadas pelas gotas sagradas que receberam a graça da Nossa Senhora do Nilo.

É reconhecido que o catolicismo fez uso de imagens e representações de santos com características negras e asiáticas conforme a região do globo que buscava catequizar. Para Mukasonga, o monsenhor acreditava que a água benta era milagrosa, como a de Lourdes.

As fotos desse ritual, por muito tempo, ficaram à mostra no liceu, mas Mukasonga não sabe dizer os motivos de terem sido retiradas; depois de anos, foram encontradas pelas alunas Gloriosa, Modesta e Veronica, quando faziam a limpeza da biblioteca. O que ela recorda é que os chefes tútsis, nas fotos, estavam marcados. Mukasonga também recorda um comentário feito por Gloriosa, uma hutu, de que os homens tútsis, marcados nas fotos, provavelmente estavam mortos, e que alguns poderiam estar exilados no vizinho Burundi.

Mukasonga lembra-se de ouvir Gloriosa[4] dizer, em tom irônico, que os tútsis agora estavam sem seus chicotes, que uma revolução social havia posto

4. Na obra *Nossa Senhora do Nilo*, Gloriosa, pertencente à etnia hutu, representa o fanatismo racial usado como arma política. Em seus discursos, a aluna sempre realça o seu pertencimento ao povo "original" e "verdadeiro" — o povo da enxada, tal como os hutus se classificavam —, amparada pelos discursos do padre Herménégilde.

fim ao trabalho servil, à monarquia e ao ranço feudal. Depois de anos de trabalho duro, imposto aos hutus pelos tútsis, finalmente a revolução social colocava as coisas em seu devido lugar. Essa imposição e esse lugar social, ocupado pelos hutus, provavelmente seriam consequência do darwinismo social importado e colocado em prática pela administração belga e alemã. Com a república, esses antigos chefes teriam perdido o *status*, seus bens, e estavam refugiados na vizinhança. Porém, com a revolução social, os velhos ressentimentos gerados por décadas de exploração estavam aflorando, e o ódio era um sentimento a ser aproveitado pelos novos chefes hutus.

Mesmo com a revolução social e o fim da monarquia, havia cotas para as meninas tútsis no liceu, o que desagradava as meninas hutus, gerando um ambiente onde bastava acender um fósforo para desencadear uma explosão social — situação captada por Mukasonga, como o leitor pode perceber na obra. No liceu, a tradição e os costumes cristãos são regras a ser seguidas e preparam o terreno para a destruição cultural de tútsis e hutus.

Para Mukasonga, em meio ao crescente ressentimento entre hutus e tútsis, aos poucos a europeização dos costumes avançou, com o discurso do progresso e com a ideia civilizacional. Ao descrever os arredores do liceu, seu interior e os turistas que se hospedavam na região para conhecer a nascente do Nilo, a autora relaciona a horta com a ideia que a madre superiora tinha do que era comida civilizada.

> Entre as casas e o liceu, há um jardim com mato, canteiros de flores, bambuzais e, principalmente, uma horta, onde os jardineiros cultivam repolhos, cenouras, batatas, morangos e até mesmo trigo. Os tomates plantados ali acabam esmagando, por serem pesadões, os *inyanyas*, pobres tomatinhos nativos. A irmã intendente adora mostrar aos hóspedes este pomar exótico, que tem também damasqueiros e pessegueiros, todos trazidos de fora e que, claramente, sentem saudades de seu clima de origem. A madre superiora vive repetindo que as alunas precisam se habituar à comida civilizada. (Mukasonga, 2017, p. 25)

Nesse trecho, observamos que a ideia do que é civilizado e incivilizado fazia parte do cotidiano das meninas do liceu. Da alimentação ao hábito de partilhar a cama com os irmãos, as meninas eram levadas a mudar seus costumes. Se em suas casas era comum dividirem a cama e a esteira com os irmãos mais novos, para consolidarem seus laços, no liceu esse costume deveria ser abolido para prevalecer o máximo de intimidade e individualidade, como um exemplo de progresso e emancipação.

No liceu, as camas eram individuais, separadas por uma cortina, que uma irmã podia abrir a qualquer momento, e essa divisória não era do agrado de muitas meninas. O francês era obrigatório e a ordem da madre superiora era abolir qualquer nome em suaíli, que, segundo se dizia, era uma língua deplorável falada pelos seguidores de Maomé.

O liceu se colocava como uma instituição responsável por formar a elite feminina do país, e Mukasonga lembra que, após as férias, na recepção das veteranas e das novatas, o discurso do padre Herménégilde sinalizou o que para ele era a elite.

> O padre Herménégilde fez um discurso longo, um pouco confuso, que destacava que o povo da enxada, desbravador das imensas florestas de Ruanda até então impenetráveis, tinha, finalmente, se libertado dos novecentos anos de dominação camita. Ele próprio, que era na época da revolução um humilde padre do clero local, tinha contribuído, é claro que bem modestamente, mas esta noite poderia confidenciar sua contribuição à revolução social que abolira a servidão e o trabalho forçado. Embora não tenha feito parte dos que assinaram o Manifesto Hutu, de 1957, ele era, sem se gabar, um dos principais inspiradores: as ideias e as reivindicações expostas ali eram dele. (Mukasonga, 2017, p. 37-8)

Depois, ele convidou, ou melhor, conclamou, todas as meninas que ali estavam a se lembrarem da raça a que pertenciam e disse que os hutus eram a raça majoritária, a única autóctone, verdadeira e original.

A autora também se recorda das aulas, principalmente de geografia e história. E nessas aulas a África não tinha história, não tinha memória, pois não havia passado para aquele continente. Ao descrever as aulas, Mukasonga apresenta ao leitor os preconceitos e as mentiras alimentados pelo colonialismo e por meio do liceu Nossa Senhora do Nilo.

> A irmã Lydwine era professora de história-e-geografia, mas ela fazia uma distinção clara entre as duas disciplinas: segundo ela, a história se referia à Euro-

> pa, a geografia, à África. A irmã Lydwine era apaixonada pela Idade Média. Em suas aulas, só havia fortalezas, calabouços, seteiras de muralhas, mata-cães, pontes levadiças, guaritas… Os cavaleiros abençoados pelo papa partiam em cruzada para libertar Jerusalém e massacrar os sarracenos. Outros se enfrentavam com lanças, lutando pelo amor de damas de belos olhos e chapéus pontudos. A irmã Lydwine contava a história de Robin Hood, de Ivanhoé, de Ricardo Coração de Leão. (Mukasonga, 2017, p. 42)

Assim, o olhar eurocêntrico sobre a história estava presente no liceu. E Mukasonga recorda que, ao falar da África, a irmã Lydwine dizia que sobre o continente não havia história a ser contada, pois os africanos não sabiam ler nem escrever; e que, graças aos missionários e a suas escolas, as crianças africanas podiam fazê-lo. A irmã dizia ainda que foram os europeus que descobriram a África e a colocaram na história. Ao se referir a Ruanda, a religiosa afirmava de forma irônica que, se houve reis em Ruanda, seria melhor esquecê-los, pois naquele momento todos viviam numa república. Ela sempre sublinhava que a república era o símbolo maior do progresso e que dela os tútsis deveriam ser afastados (Mukasonga, 2017).

A autora conta que, nas aulas de religião, o padre Herménégilde reinava absoluto, e seu discurso reforçava o ressentimento e o ódio entre as jovens do liceu, pois influenciava as alunas hutus — um discurso que se enraizou entre elas e foi um dos responsáveis pelo etnocídio praticado pelo colonialismo. Uma herança nefasta para Ruanda. Mukasonga (2017, p. 44) descreve as aulas de religião e o discurso religioso do professor:

> Obviamente as aulas de religião eram de responsabilidade do padre Herménégilde. Ele demonstrava, por meio de provérbios, que os ruandeses sempre tinham adorado um Deus único que se chamava Imana, e que parecia ser irmão gêmeo de Javé, dos hebreus da Bíblia. Os antigos ruandeses eram cristãos sem saberem e estavam só aguardando, impacientes, a chegada dos missionários para batizá-los. Porém o diabo veio perverter a inocência deles. Sob a máscara de Ryangombe[5], ele conduzia os ruandeses em orgias noturnas em que demô-

5. É o senhor dos espíritos, uma entidade venerada no oeste e no sul de Ruanda.

nios inomináveis possuíam seus corpos e almas, fazendo-os proferir discursos obscenos e cometer atos que a decência lhes proibia de realizar na frente de moças jovens e castas.

Nessa passagem, Scholastique Mukasonga apresenta a ressignificação da história dos ruandeses realizada pela igreja, pois, segundo a autora, o padre Herménégilde atestava perante as meninas do liceu que seus antepassados teriam adorado um Deus único, parecido ou próximo ao Deus dos hebreus, mas que os ruandeses haviam sido desviados do seu "caminho" pelo diabo. E, segundo o padre, foi na pele de Ryangombe que o diabo desviou os ruandeses para o pecado e introduziu em sua vida a falta de decência.

Além disso, para o sacerdote, o desvio ocorreu durante a espera dos missionários católicos, como se o diabo, prevendo a chegada dos enviados de Deus, se antecipasse, induzindo os ruandeses a cometer atos obscenos na frente das jovens mulheres de Ruanda. Assim, Ryangombe foi demonizado e relacionado às orgias, revelando a estratégia da igreja de ressignificação das entidades e dos mitos africanos.

No dia a dia do liceu Nossa Senhora do Nilo, o processo de aculturação se estende ao paladar; sobre as refeições, Mukasonga afirma que a comida dos brancos era enlatada e as frutas vinham nadando num xarope adocicado. A autora descreve a comida servida no refeitório como sem sabor, sem atração.

> Chegava a hora de se alimentar com o que era servido no refeitório: o trigo insosso, a pasta amarela que colava no céu da boca e que o padre Ângelo — que com frequência era convidado — devorava com grande apetite e saudava com o nome sonoro de "polenta", pequenos peixes moles e oleosos que vinham em lata e, às vezes, aos domingos e dias de festa, carne enlatada de não sei qual animal… (Mukasonga, 2017, p. 52-3)

As alunas comentavam sobre as receitas de suas mães e, entre esses comentários, havia os da aluna Gloriosa, hutu, que sempre realçava pertencer ao povo da enxada, tal qual o padre Herménégilde fazia nos seus discursos.

A autora lembra que, após uma discussão sobre os alimentos servidos no liceu, que demonstrava a insatisfação das moças do Nossa Senhora do Nilo, depois que Virginia, uma aluna tútsi, explicou como sua mãe preparava as bananas, Gloriosa interveio realçando a ideia da existência de um povo verdadeiro em Ruanda. "O que você veio fazer no liceu, então? — perguntou Gloriosa. — Você deveria ter ficado no meio do mato comendo banana. Você teria deixado uma vaga para uma ruandesa de verdade, do povo majoritário" (Mukasonga, 2017, p. 55). Dizer que existe um "povo verdadeiro" segue a mesma lógica descrita por Castoriadis (2006) ao analisar o Antigo Testamento e concluir que, se há um povo escolhido por Deus, há povos não escolhidos pelo "Todo Poderoso"; portanto, sem direito à terra de Canaã.

As falas de Gloriosa demonstram a concepção que os hutus tinham sobre si e o lugar social dos tútsis, como podemos observar nestas palavras: "Já vai tocar o sinal para irmos ao refeitório — disse Gloriosa. — Está na hora de irmos, e você, Virginia, terá de abrir a boca na nossa frente para comer os restos de comida das ruandesas de verdade" (Mukasonga, 2017, p. 56). Além de estabelecer que os tútsis devem comer os restos dos hutus, Gloriosa demoniza as manifestações culturais deles ao dizer a Veronica: "Você vai acabar tendo problemas se continuar visitando feiticeiros assim, tenho certeza de que você dançou na frente da feiticeira, só os tútsis dançam na frente do diabo…" (Mukasonga, 2017, p. 67). Os dançarinos tútsis, chamados igabos, dançavam perante o rei e nos ritos em homenagem a Ryangombe.

Mukasonga conta que as moças nascidas de pais hutus e mães tútsis eram vistas com desconfiança pelo autodenominado povo majoritário ou "povo da enxada", corroborado pelos discursos do padre Herménégilde. A autora cita a aluna Modesta, dizendo que ela era considerada uma menina do povo da enxada porque seu pai era hutu e, embora a mãe fosse tútsi, era a linhagem do pai que importava. Esse discurso evidencia o forte patriarcalismo em Ruanda.

A autora conta que Modesta tinha uma amiga tútsi, e que entre uma tútsi e uma hutu poderia haver amizade, mas ela pressentia que chegaria um momento em que o povo majoritário seria realmente majoritário, e as moças hutus teriam de se posicionar sobre o lugar delas na sociedade de Ruanda.

A responsabilidade dos brancos colonizadores pela divisão de Ruanda em duas etnias era inegável. Segundo Mukasonga (2017, p. 96-7), "os brancos diziam o que eles haviam descoberto e escrito em seus livros. Os especialistas tinham vindo só para isso, tinham medido seus crânios. Duas etnias: hutu/tútsi. Bantu/camita. A terceira nem valia a pena falar". As meninas fruto de casamentos envolvendo esses dois grupos étnicos eram constantemente cobradas a se posicionar e viviam sob a vigilância das meninas hutus. Ao se recordar de Modesta, Mukasonga (2017, p. 97) diz:

> Mas, por causa de sua mãe, poderiam dizer, e alguns de fato diziam, ela era apenas meio hutu. Era perigoso para ela andar com uma tútsi. Poderiam perguntar: "De qual lado você está? Você sabe mesmo quem você é, ou você é uma traidora, espiã das baratas, dos *inyenzis*[6]? Você finge que é uma hutu, mas, no fundo, logo que pode, sai para ficar com as tútsis porque considera que elas são a sua verdadeira família".

A lógica do pertencimento e da ideia de pureza étnica e racial estava presente entre as meninas do liceu Nossa Senhora do Nilo. Essa lógica da racialização foi introduzida pelo colonialismo belga por meio de "especialistas" que propagaram a ideia de "raça" como uma categoria científica e nos moldes do "racismo científico" do conde de Gobineau. Este se apropriou do conceito de raça e as hierarquizou em povos e culturas, porém sustentado pelo discurso religioso alicerçado num suposto mapa dos Salmos e na teoria camita. Para Serrano e Waldman (2007), o Mapa dos Salmos, de 1250 d.C., e a teoria camita[7] são alegorias que foram utilizadas para justificar a exclusão do continente africano da história "universal" e consolidar no imaginário europeu uma imagem dos povos africanos como monstruosos, primitivos e destinados à servidão.

> A África, em particular a África Negra e Subsaariana, constituía um domínio nebuloso sobre o qual as informações eram fragmentárias e distorcidas, ocultando-se, para completar, por trás de um deserto considerado impenetrável, o Saara. As imagens construídas pelo imaginário medieval suscitavam todo tipo de objeções. Assolados pelo calor inclemente, os territórios meri-

---

6. Termo em *kinyarwanda*, língua falada em Ruanda e de origem bantu, que significa "baratas". *Baratas* (2018) é o nome do primeiro livro de Mukasonga, que publicou também *A mulher de pés descalços* (2017) e *Um belo diploma* (2020). As datas indicadas referem-se às edições em português.

7. No Antigo Testamento, Cam, um dos filhos de Noé, teria zombado do pai e sobre ele teria recaído uma praga: que os filhos de Cam se tornariam serviçais dos serviçais. E Cam, por ter a pele mais escura, teria gerado as populações negras, condenadas à escravização (Serrano e Waldman, 2007).

> dionais estariam infestados de monstros e de outros seres fabulosos, coabitando com grupos semi-humanos ou de humanos inferiores. (Serrano e Waldman, 2007, p. 27)

Os tútsis, além de serem arbitrariamente classificados como camitas, também foram chamados de baratas, segundo Mukasonga (2018). Ao desumanizar grupos étnicos, o racismo os relaciona a animais ou insetos, que representam uma ameaça aos homens e são vistos como pragas que devem ser exterminadas. Esse processo de desumanização, oriundo do "racismo científico" e cultural, estava presente nas escolas criadas pelo colonialismo, conforme explica a escritora ruandense Immaculée Ilibagiza (2012, p. 8):

> Durante a infância, jamais me falaram sobre a existência das correntes do mal que um dia dariam origem ao holocausto que inundou meu país num banho de sangue. A menina que eu era só conhecia do mundo a encantadora paisagem ao seu redor, a gentileza dos vizinhos e o amor profundo de meus pais e irmãos. Em nossa casa, racismo e preconceito eram totalmente desconhecidos. Eu não tinha consciência de que as pessoas pertenciam a tribos e raças diferentes e, até entrar para a escola, jamais havia escutado palavras como tútsi ou hutu.

Esse ressentimento foi gestado por décadas durante o colonialismo belga:

> Mas nossos pais não nos ensinaram nossa própria História. Não sabíamos que Ruanda era povoada por três tribos: uma maioria hutu, uma minoria tútsi e um número insignificante de twas, povo semelhante a pigmeus, que vivia nas florestas. Não nos ensinaram que os colonizadores alemães, e depois os belgas que os substituíram, tinham convertido a estrutura social então reinante em Ruanda — uma monarquia, sob reis tútsis, que, por séculos, manteve Ruanda em paz e harmonia — em um sistema discriminatório de classes, tendo por base a raça dos indivíduos. Os belgas apoiavam a aristocrática minoria tútsi e os colocaram à testa do governo [...] Estes instituíram uma carteira de identidade étnica para mais facilmente distinguir quem pertencia a qual tribo, aprofundando o fosso que cavaram entre tútsis e hutus. Esses erros imprudentes criaram um duradouro ressentimento da parte dos hutus, base para o futuro genocídio. (Ilibagiza, 2012, p. 16)

Podemos perceber que o livro autobiográfico de Ilibagiza está em sintonia com as pesquisas históricas de Fonseca (2019) e com o discurso literário de Mukasonga (2017): nessa citação, os colonizadores foram responsabilizados por um sistema altamente discriminatório baseado na "raça" e valeram-se, por décadas, da aliança com a minoria tútsi para manter em funcionamento o sistema colonial que gerava altos lucros aos senhores brancos. Essa análise de Imaculeé Ilibagiza nos fornece mecanismos para compreendermos como o discurso religioso do padre Herménégilde guarda uma profunda relação com o racismo e o ódio que foi determinante para o genocídio dos tútsis.

Mukasonga recorda um fato ocorrido no Nossa Senhora do Nilo e do discurso do padre Herménégilde para justificar o que se passou. Em determinado fim de semana, todos no liceu foram surpreendidos com a chegada de uma caravana de quatro Land Rovers, que cruzou o portão e parou diante do bangalô que havia dentro da área do colégio. Era o embaixador do Zaire, noivo de uma das alunas. Esse homem se instalou no bangalô e passou o fim de semana com a jovem noiva, para o espanto e o escândalo de todos. Diante desse fato, a autora descreve a intervenção do padre. Diz ele:

> Quando estava no seminário, li um livro sobre os judeus, um livro secreto escrito pelos próprios judeus, não sei quem foi que o revelou. Os judeus escreveram que desejavam conquistar o mundo, que tinham um governo secreto que manipulava todos os outros governos, que se infiltrava por todo o canto. Bom, o que eu tenho a dizer é que os tútsis são como os judeus [...] Talvez eles não queiram conquistar o mundo, mas querem se apossar de toda essa região. Sei que eles têm o projeto de um grande império camita, seus chefes se reúnem em segredo [...] Já expulsamos muitos deles de Ruanda e estamos de olho nos que restaram, seus cúmplices, mas talvez um dia seja preciso também se livrar destes, a começar pelos parasitas que estão em nossas escolas e universidades. Nossa pobre Ruanda está cercada de todos os inimigos: em Burundi, os tútsis estão no poder e massacram nossos padres, na Tanzânia, são os comunistas, em Uganda, os bahimas, que são primos deles. Felizmente temos o apoio do nosso grande vizinho, nosso irmão bantu... (Mukasonga, 2017, p. 126)

No discurso do padre Herménégilde, a tese sobre um "possível" complô judaico para dominar o mundo nos remete aos discursos do nazifascismo. Portanto, ao dizer que os tútsis são como os judeus, ou que são os verdadeiros judeus, e que ameaçam a república e a revolução social que colocou fim à monarquia, o padre reforça a lógica dos movimentos totalitários, que necessita de um inimigo imaginário para se impor na sociedade. Em Ruanda, segundo o religioso, a ameaça ao povo majoritário, os hutus, provinha da minoria tútsi, um povo camita.

Em Ruanda, o discurso religioso — antissemita e racista — foi responsável pela formulação da lógica do inimigo comum, que, somada ao ressentimento gestado nos anos de aliança entre o poder colonial belga e a aristocracia tútsi, alimentou o ódio nos hutus, ódio esse determinante para desencadear a barbárie que se abateu sobre os tútsis.

Com a revolução social e a instalação da república realizada pelos hutus, os tútsis foram alijados do poder; porém, no liceu, disponibilizaram-se vagas para os antigos partidários da monarquia. Uma das moças tútsis que frequentavam o liceu era Virginia; segundo Mukasonga, era a querida da família e o orgulho da mãe, Leoncia, que aguardava o dia em que a filha receberia o diploma de Humanidades. A autora se recorda da expectativa da família de Virginia — e sobretudo de Leoncia, que acreditava que o diploma a colocaria acima dos ressentimentos étnicos:

> Seria um dia de glória. Ela colocaria seu pano mais bonito e avaliaria, com um olhar crítico ou satisfeito, o respeito que cada vizinho demonstraria pela filha que, em breve, teria um diploma, concedido com tanta parcimônia, sobretudo para as moças, e ainda mais uma tútsi. Um prestigioso diploma de Humanidades. Até o chefe do comitê local do partido, que não parava de chatear e humilhar a única família tútsi da colina, se veria obrigado a recebê-la e a lhe dar as felicitações e os estímulos cujas hipérboles não poderiam disfarçar sua obrigação. Leoncia se sentia tranquila: Virginia era estudante e, quando somos estudantes, pensava ela, não somos nem hutus nem tútsis, é como se chegássemos a outra "etnia": que os belgas chamavam, em outros tempos, de evoluídos. (Mukasonga, 2017, p. 141)

Nessa passagem, a autora destaca a ideia que os belgas implantaram e na qual a mãe de Virginia acreditava: ser estudante do liceu Nossa Senhora do Nilo era superar as divisões étnicas, romper com o pertencimento à etnia de origem e tornar-se um "evoluído". Com o diploma de Humanidades da filha, Leoncia acreditava que até o chefe do partido hutu mudaria de atitude perante a única família tútsi da região. Ela fazia planos, calculava o dote da filha: esse seria apenas vacas e um pouco de dinheiro para construir uma casa de tijolos — uma casa de brancos, com porta, cadeado e telhado de metal.

A mudança dos hábitos e do modo de vida, bem como a adoção de um modelo de residência, foram sutilezas implantadas pelo colonialismo que seduziram os colonizados e os fizeram abandonar suas tradições. Percebe-se essa mudança nos hábitos em várias passagens da obra, mas é significativo o sonho que a mãe de Virginia alimentava ao se referir à "casa dos brancos":

> Ela não precisaria mais dormir em cima de palha, mas em colchões que compraria no mercado [...] Ela teria uma sala para receber os pais, os amigos, os vizinhos. Principalmente os vizinhos, que não precisariam mais se sentar em esteiras, mas em cadeiras dobráveis. E, bem no meio da mesa, uma garrafa térmica enorme, sempre cheia de chá (três litros!), cintilaria os reflexos dourados, aguardando as visitas de domingo à tarde que degustariam o chá ainda morno e não deixariam de dizer entre si, afastando-se um pouco: "Que sorte a de Leoncia ter uma filha que estudou, ela tem uma garrafa térmica!" (Mukasonga, 2017, p. 142-3)

Muito além e aquém do sonho, o que a mãe de Virginia não esperava — ou talvez não percebesse — é que o liceu Nossa Senhora do Nilo introduzia nas jovens de Ruanda os costumes dos brancos, pois os discursos que circulavam dentro daquela instituição educacional eram implicitamente alinhados à ideia de progresso e evolução trazida pelos colonizadores — ideia muito presente na literatura africana e muito bem representada na obra *O leão e a joia*.[8]

Entretanto, a expectativa da mãe de Virginia, de ver a filha acima dos conflitos étnicos e obter a sonhada casa dos brancos, foi frustrada pelos acon-

8. Essa obsessão pela ideologia do progresso, que invadiu o continente africano e norteia a reconstrução de vários países, é uma ideia bastante presente na literatura africana e foi muito bem representada em *O leão e a joia*, peça teatral escrita por Wole Soyinka (2012). A obra trata do abismo de valores entre o velho rei e um jovem professor interessado em apresentar as vantagens do progresso em relação aos antigos valores "tribais".

tecimentos; afinal, o ressentimento dos hutus e o ódio que eles guardavam afloraram e desencadearam o genocídio dos tútsis. E, no liceu Nossa Senhora do Nilo, o conflito étnico era latente.

Mukasonga conta que as alunas hutus, mais militantes, diziam que começariam destutsizando o colégio a partir da destruição da imagem da Nossa Senhora do Nilo, enegrecida pelo colonialismo belga. Escurecer santos e anjos foi uma das artimanhas da igreja. A autora explica que essa mudança no fenótipo da imagem da Nossa Senhora do Nilo atendia aos interesses da colonização belga, que desejava aproximar a imagem da santa ao fenótipo dos tútsis, no período da monarquia. Porém, com a revolução social e política promovida pelos hutus, essa associação fenotípica incomodava as alunas hutus do liceu, como vemos neste diálogo entre duas delas.

> — Modesta — perguntou Gloriosa —, você já reparou bem no rosto da Virgem?
>
> — Qual Virgem?
>
> — A estátua da Nossa Senhora do Nilo.
>
> — Reparei, por quê? [...]
>
> — Você reparou no nariz dela? É um nariz pequeno e reto, como o nariz dos tútsis.
>
> — Eles pegaram uma virgem que era branca e a pintaram de preto, ou seja, eles mantiveram o nariz dos brancos.
>
> — Sim, mas agora que ela é negra, ela tem um nariz de tútsi.
>
> — Naquela época, os brancos e missionários ficaram do lado dos tútsis. Assim, ter uma Virgem negra com um nariz tútsi era bom para eles.
>
> — Entendo, mas eu não quero uma Santa Virgem com um nariz de tútsi. Não quero mais rezar para uma estátua que tem um nariz de tútsi. (Mukasonga, 2017, p. 209)

E destruir o nariz da santa fez parte do plano de Modesta e Gloriosa para dar início, no liceu, ao processo de "destutsização", uma metáfora que nos induz a pensar em desinsetização. Não há certeza de que o atentado que destruiu o nariz da imagem de Nossa Senhora do Nilo tenha sido obra das alunas hutus, mas, segundo Mukasonga (2017, p. 229-30), Gloriosa logo encontrou um culpado:

> — Minhas amigas, não é em meu nome que falo aqui, mas em nome [...] do partido do povo majoritário. Nossa reverenda madre superiora disse que não queria saber quem quebrou a cabeça da Nossa Senhora do Nilo, mas nós sabemos bem: os que cometeram esse crime foram os nossos inimigos de sempre, os algozes de nossos pais e nossos avós, os *inyenzis*. São os comunistas, os ateus. Eles são guiados pelo diabo. Como na Rússia, querem queimar igrejas, matar os padres e os religiosos, perseguir os cristãos. Eles estão infiltrados, estão em todo canto, tenho até medo de que estejam aqui entre nós, em nosso liceu.

Nessa fala de Gloriosa, há uma exaltação do inimigo imaginário, sempre ameaçador: os *inyenzis*, ou seja, os tútsis. No decorrer da obra *Nossa Senhora do Nilo*, estes são identificados como os filhos de Cam, ou judeus, ou demonizados, ou comunistas ateus, estando infiltrados entre os hutus.

Após essas palavras, que contribuíram para proliferar o medo entre as alunas hutus, Gloriosa exalta a chegada da nova imagem da Virgem e o trabalho de limpeza étnica que os militantes hutus deveriam fazer.

> Mas o que eu gostaria de dizer é que, em breve, teremos uma nova estátua da Nossa Senhora do Nilo e ela será uma ruandesa de verdade, com o rosto do povo majoritário, uma Virgem Hutu, da qual teremos orgulho. Vou escrever ao meu pai, pois ele conhece um escultor. Em pouco tempo, teremos uma Nossa Senhora do Nilo autêntica, à imagem das mulheres ruandesas, à qual poderemos rezar sem hesitação, que velará pelo nosso país, Ruanda. Mas nosso liceu, vocês sabem, ainda está cheio de parasitas, de impurezas, de imundícies, que fazem este lugar ser indigno para receber a verdadeira Nossa Senhora do Nilo. Sem mais demora, precisamos começar o trabalho. Precisamos limpar tudo, até os cantinhos. É um trabalho que não deve desanimar ninguém. É o trabalho dos verdadeiros militantes. (Mukasonga, 2017, p. 230)

Na voz de Gloriosa, a limpeza étnica é exaltada. Trata-se de um discurso semelhante aos discursos do nazifascismo em relação aos judeus, vistos como pragas, imundos e parasitas da sociedade e do Estado. Vale lembrar que, no "aniversário" do genocídio, o presidente de Ruanda, Paul Kagame, acusou a Bélgica e a França de terem participado diretamente do extermínio de aproximadamente 800 mil tútsis.

Diante do racismo e da luta dos povos negros, Césaire (2010) foi assertivo ao dizer que o mundo negro, alvo das depredações e agressões do expansionismo europeu, sofreu com o conceito de "raça" criado fora do espaço africano e, que por isso, a luta dos povos negros pela emancipação não tem como se esquivar da questão racial.

É evidente que o maior e pior legado deixado pelo colonialismo europeu foi o racismo, que estruturou as relações sociais e continua gerando inúmeras barbáries, inclusive no Brasil, onde constantes ataques às religiões de matriz africana se fazem presentes no cotidiano por meio de discursos religiosos muito parecidos com os descritos na obra *Nossa Senhora do Nilo*.

Os discursos de ódio no Brasil: um novo legado?

São comuns em nosso país discursos que realimentam o preconceito e contribuem para perpetuar o racismo religioso, gerando uma onda de ódio contra as religiões de matriz africana e suas divindades. Todo esse preconceito e ódio ameaçam as religiões afro-brasileiras, os terreiros de candomblé, as tendas de umbanda e todos os devotos.

É no livro *Orixás, caboclos, guias: deuses ou demônios?*, do bispo Edir Macedo, que os discursos preconceituosos são mais visíveis.[9] Nessa obra, Macedo relaciona os problemas econômicos, as doenças físicas e os distúrbios emocionais e psiquiátricos com a possessão de espíritos malignos, representados pelas entidades das religiões de matriz africana.

Na obra do bispo Macedo e nos discursos que circulam na Igreja Universal do Reino de Deus, as divindades do panteão afro-brasileiro sempre são descritas como seres demoníacos, espíritos malignos, causadores dos maiores e piores males que atingem o homem, o que nos permite fazer uma analogia com os discursos apresentados por Mukasonga (2017).

Vejamos:

9. Tema abordado pelo autor em sua tese de doutorado *O racismo como questão epistemológica: uma interpretação do discurso religioso evolucionista da Igreja Universal do Reino de Deus* (Petean, 2011).

> Conheço uma senhora que ficou louca após ter se envolvido com os exus, caboclos e outros guias. Chegou a "fazer a cabeça" duas vezes na esperança de melhorar a sua situação. Veja bem, amigo leitor; muitas vezes a pessoa se entrega de corpo e alma nas mãos dos exus e eles a usam de tal maneira que acabam deixando-a fora do seu juízo normal. (Macedo, 2006, p. 99)

Nessas palavras, fica evidente que o bispo relaciona os exus com a perda do "juízo" ou da razão. Advêm daí, segundo ele, os distúrbios de ordem afetiva e psiquiátrica. Mas não é para qualquer entidade que o bispo direciona seu preconceito e discurso racista, pois Exu é o orixá que estabelece a ligação entre os homens e os demais deuses do panteão religioso afro-brasileiro. Por isso, no início de todo trabalho de oferendas a um orixá, primeiro se faz reverência a Exu.

Em outra passagem da mesma obra, Macedo (2006, p. 107) direciona o preconceito aos responsáveis pela perpetuação dos cultos de matriz africana.

> Um ex-pai de santo contou como fez um trabalho para um rapaz ficar louco. Ele entrou em um cemitério à meia-noite e, depois de abrir uma sepultura onde havia um defunto enterrado há apenas cinco horas, retirou o cadáver (era um rapaz de vinte e poucos anos), decepando-lhe a cabeça e colocando, no lugar dela, uma cera trabalhada com o nome do seu inimigo. Fechou o caixão e esperou o resultado. O rapaz que havia sido enterrado morrera louco, e aquele pai de santo esperava que o outro morresse da mesma forma.

O bispo claramente diz que o pai de santo profanou um túmulo dentro de um cemitério, um espaço sagrado para as religiões cristãs, e o efeito de sentido desse discurso só pode ser o aumento do preconceito e do ódio direcionado aos guardiões das religiões de matriz africana.

O mal, no discurso religioso do bispo Macedo, é representado pelo pai de santo e pelos orixás, como podemos perceber em várias passagens de *Orixás, caboclos, guias: deuses ou demônios?* (2006). No decorrer dessa obra, o bispo realça a importância do exorcismo para que as pessoas que estão "possuídas" possam se libertar, se curar e progredir economicamente. Nesse discurso de Macedo, além da demonização das entidades da cultura afro-brasileira, não há lugar para a ciência:

> Um dia essa moça veio até a igreja, recebeu uma oração e nunca mais teve desmaios. Isso tem acontecido com milhares e milhares de pessoas em todo o mundo. Existem até demônios especialistas em ataques. Omolu ou Obaluaiê é um dos que causam ataques, desmaios ou ataques epilépticos. Muitos epilépticos, ao chegarem em nossas reuniões, foram curados após esse espírito sair de seus corpos. As tonteiras, náuseas e desmaios são quase sempre características de possessão maligna. (Macedo, 2006, p. 68)

Bem, se o exorcismo é o mecanismo, segundo o bispo, que cura a pessoa epiléptica, devemos nos perguntar qual o papel da ciência no discurso religioso da Igreja Universal do Reino de Deus. É evidente a associação que o bispo faz entre os elementos da cultura afro-brasileira e os demônios. Como é evidente que há semelhanças entre os discursos religiosos dos hutus e os que circulam entre certos fiéis da Igreja Universal do Reino de Deus. Afinal, ao demonizar as religiões de matriz africana, Macedo define os inimigos e seus demônios, como fizeram os hutus. Em outra passagem da mesma obra, a demonização das entidades afro-brasileiras e a invisibilidade da ciência ficam mais evidentes:

> Já oramos muitas vezes por pessoas viciadas em tóxicos, bebidas alcoólicas, cigarros ou jogo, e, na maioria dos casos, o responsável por tudo é o exu chamado "Zé Pelintra" ou "malandrinho", ou outro desta casta. Prostitutas, homossexuais e lésbicas sempre são possuídos por pombas-gira ("marias-molambo" etc.). Nos casos em que as pessoas estão perdendo tudo o que têm e caindo em desgraça, normalmente, por trás estão os demônios que se dizem chamar "exu lobo", da "vala" e outros. (Macedo, 2006, p. 47)

Esse trecho nos permite perceber que, no discurso religioso do bispo, não há espaço para a ciência e a origem dos males está definida — uma passagem que nos permite refletir sobre a insistência e a obsessão que algumas igrejas têm com a chamada "cura gay". Afinal, se o jogo, a bebida, os vícios, a prostituição e a homossexualidade são vistos como possessão e ação de supostas entidades da religiosidade afro-brasileira, então bastariam orações e exorcismos para que as pessoas se livrassem desses "males" e "vícios". Bem, se em Ruanda o discurso religioso contribuiu para o genocídio, aqui ele contribui para a perpetuação do racismo, do ódio e do branqueamento cultural da sociedade brasileira ao demonizar as entidades do panteão religioso afro-brasileiro.

Referências bibliográficas

CAMARGO, Raquel Peixoto do Amaral. "Dever de memória: traduzindo Scholastique Mukasonga no Brasil". *Olho d'Água*, São José do Rio Preto, v. 13, n. 2, jul.-dez. 2021, p. 101-18. Disponível em: http://www.olhodagua.ibilce.unesp.br/index.php/Olhodagua/article/view/836/689. Acesso em: 8 ago. 2023.

CASTORIADIS, Cornelius. "Reflexões sobre o racismo". In: *O mundo fragmentado*: as encruzilhadas do labirinto. São Paulo: Paz e Terra, 2006.

CÉSAIRE, Aimé. *Discurso sobre a negritude*. Belo Horizonte: Nandyala, 2010.

DIWAN, Pietra. *Raça pura*: uma história da eugenia no Brasil e no mundo. São Paulo: Contexto, 2015.

FONSECA, Danilo Ferreira da. "Revolução e descolonização em Ruanda: entre projetos étnicos e de classe". *Anos 90*, Porto Alegre, v. 26, 2019, p. 1-17.

HOFBAUER, Andreas. *Uma história de branqueamento ou o negro em questão*. São Paulo: Editora Unesp, 2006.

ILIBAGIZA, Immaculée. *Sobrevivi para contar*: o poder da fé me salvou de um massacre. Rio de Janeiro: Objetiva, 2012.

LIICEANU, Gabriel. *Do ódio*. Campinas: Vide, 2014.

MACEDO, Edir. *Orixás, caboclos e guias*: deuses ou demônios. Rio de Janeiro: Gráfica Universal, 2006.

MELO, Marilene Carlos do Vale. "A figura do *griot* e a relação memória e narrativa". In: LIMA, Tânia; NASCIMENTO, Izabel; OLIVEIRA, Andrey (orgs.). *Griots — culturas africanas*: linguagem, memória, imaginário. Natal: Lucgraf, 2009.

MUKASONGA, Scholastique. *Nossa Senhora do Nilo*. São Paulo: Nós, 2017.

______. *Baratas*. São Paulo: Nós, 2018.

PETEAN, Antonio Carlos Lopes. *O racismo como questão epistemológica*: uma interpretação do discurso religioso evolucionista da Igreja Universal do Reino de Deus. 2011. Tese (Doutorado em Sociologia) — Faculdade de Ciências e Letras, Universidade Estadual Paulista, Araraquara, 2011. Disponível em: https://repositorio.unesp.br/handle/11449/106250. Acesso em: 16 ago. 2023.

SERRANO, Carlos; WALDMAN, Maurício. *Memória d'África*: a temática africana em sala de aula. São Paulo: Cortez, 2007.

SOYINKA, Wole. *O leão e a joia*. São Paulo: Geração, 2012.

5. Racismo institucional, Estado e direito

Isadora Brandão Araujo da Silva

A literatura a respeito do direito e das relações raciais em nosso país data de aproximadamente 40 anos. Uma pesquisa seminal que assinala a fundação desse campo de estudos é a da professora Eunice Prudente (1980). Em sua dissertação de mestrado, *Preconceito racial e igualdade jurídica no Brasil*, defendida perante a Faculdade de Direito da Universidade de São Paulo, ela desconstituiu o aspecto de neutralidade racial historicamente associado ao funcionamento das instituições políticas e jurídicas brasileiras.

Ainda que não articule esse conceito em sua obra de forma explícita, Prudente denuncia o racismo institucional como um conjunto de ações e omissões institucionais que impedem a população negra de acessar seus direitos fundamentais e exercer cidadania. No mesmo período, emerge a obra de Dora Lucia de Lima Bertúlio (1989), *Direito e relações raciais: uma introdução crítica ao racismo*, que aponta o eloquente silêncio de juristas sobre a questão racial no estudo do direito, como um sintoma da onipresença do racismo na constituição da cultura jurídica nacional.

A produção teórica de Eunice Prudente e Dora Bertúlio, bem como a de gerações de intelectuais negros e negras que têm buscado explorar as premissas e desenvolver as contradições que elas observaram de forma pioneira, deve ser inserida nos marcos de um "trânsito amefricano" (Gomes, 2021; Gonzalez, 1988), isto é, de trocas transnacionais estabelecidas no contexto da diáspora africana, a partir de experiências compartilhadas de resistência ao escravismo, ao racismo-sexismo e de produção de alternativas de existência afrocentradas.

É nesse sentido que nos reportamos à experiência do Movimento de Direitos Civis afro-estadunidense, no âmbito do qual é cunhado o termo "racismo institucional". O conceito foi desenvolvido por Charles Hamilton e Kwame Ture, ativistas negros estadunidenses, em 1967, e apresentado de maneira inédita no livro *Black power*. Os integrantes do movimento Panteras Negras estavam preocupados em explicar de que maneira o racismo continuava operando na sociedade, apesar da eliminação das leis segregacionistas, que tinham instituído a separação entre negros e brancos no acesso e na utilização de serviços e locais públicos, além de restrições no direito ao voto para a população negra. Perceberam que a mera eliminação do ordenamento jurídico das Leis de Jim Crow[1] — uma conquista do Movimento dos Direitos Civis — não havia sido suficiente para fazer cessar a disparidade no acesso e a desigualdade do tratamento que as instituições dispensavam a negros e brancos (Geledés, 2014).

Para Hamilton e Ture (1967/1992, p. 4), enquanto o racismo individual "consiste em atos explícitos de indivíduos", o racismo institucional é "menos explícito, muito mais sutil", mas não menos destrutivo, e se origina "na operação de forças estabelecidas e respeitadas na sociedade".

O conceito emerge diante da perplexidade produzida por um contexto histórico que combinava a euforia associada à destruição de um regime de segregação racial legalizado, que imperava nos estados do sul dos Estados Unidos, com a dura constatação de que a população negra continuava recebendo tratamento discriminatório, baseado em raça, no acesso a políticas públicas e serviços, ainda que sem respaldo oficial e explícito no sistema legal.

A expressão "racismo institucional" assume uma dimensão útil no debate intelectual e político estadunidense ao revelar as permanências do racismo no seio das instituições estatais e privadas após o desmantelamento formal do sistema Jim Crow.

---

1. Nome dado ao conjunto de leis que oficializou o sistema legal de segregação legal vigente entre 1876 e 1965 no sul dos Estados Unidos. As leis estiveram assentadas no princípio "separados, mas iguais", fixado no emblemático caso Plessy *versus* Ferguson, julgado pela Suprema Corte em 1896. Jim Crow é o nome de um personagem de teatro desenvolvido por Thomas D. Rice para representar de forma estereotipada e caricatural os afro-americanos e sua cultura.

Esse *continuum* será objeto da análise de Michelle Alexander (2018) em seu livro *A nova segregação*, no qual sustenta que houve a estruturação de um novo sistema de castas raciais nos Estados Unidos, atrelado ao encarceramento em massa, em sua íntima correlação com a atuação do sistema de (in)justiça criminal, no período pós Jim Crow.

No livro supracitado, Michelle Alexander registra que a estruturação das Leis de Jim Crow no sul dos Estados Unidos, no período posterior à Guerra Civil conhecido como "Reconstrução", se deu como estratégia reacionária levada a cabo pela elite branca sulista para impedir a reorganização daquelas sociedades em novas bases igualitárias. A autora argumenta que, na era da "neutralidade racial" — em que se difundiu a crença de que "raça" deixou de importar em razão da desarticulação do regime legal de segregação racial, cujo maior emblema terá sido a eleição de um homem negro, Barack H. Obama, à presidência dos Estados Unidos da América —, deixou de ser socialmente permissível a utilização da "raça", de forma explícita, para justificar a discriminação e a exclusão social de indivíduos ou grupos.

Todavia, o emprego sistemático do rótulo "criminoso" para definir pessoas não brancas nessa era pós Jim Crow abriu caminho para que, por meio do funcionamento do sistema de justiça criminal que administra desigualmente sanções criminais, tenha sido possível preservar, livre de qualquer acusação de racismo, um conjunto de práticas institucionais que impactam afro-estadunidenses de maneira desproporcional (Alexander, 2018, p. 36).[2] Ela sustenta que "o encarceramento em massa nos Estados Unidos surgiu, na verdade, como um sistema de controle social racializado abrangente e bem disfarçado e que funciona de maneira incrivelmente parecida com o Jim Crow" (2018, p. 37-8).

A fim de comprovar sua tese, Alexander apresenta um dado chocante: "Os Estados Unidos prendem um percentual maior da sua população negra do que a África do Sul na época do *apartheid*" (2018, p. 42).

---

2. A autora argumenta que o impacto desproporcional da guerra às drogas sobre a população negra não encontra fundamento em uma maior incidência da prática de crimes ligados a drogas em comunidades negras, citando estudos que demonstram a existência de taxas similares de consumo e venda de drogas legais nos diferentes estratos sociais. Veremos mais adiante como esses estereótipos raciais contribuem para a naturalização dessa atuação racialmente seletiva e, portanto, injusta do sistema de justiça criminal, fazendo-a parecer um produto da desigualdade de classe (Alexander, 2018).

Para Alexander, o encarceramento em massa representa a nova Jim Crow. Ele é a engrenagem do novo sistema de castas raciais nos Estados Unidos, pois em torno dele gira uma teia de leis, regras, políticas, costumes e práticas sociais que não apenas exercem o controle sobre grupos rotulados como "criminosos" em função da raça, mas literalmente impedem, de todos os modos, a sua mobilidade social ascendente. Em outras palavras, o cárcere, enquanto dispositivo de controle e vigilância mobilizado pelo sistema de justiça criminal que é central a esse projeto de dominação racial, está associado a diversas normas que miram o contingente negro fora da prisão, o que produz seu apartamento social de forma duradoura e tendencialmente permanente. Dessa forma, o uso do conceito de estratificação pela autora não é metafórico ou hiperbólico.

Há um conjunto de efeitos colaterais que incidem na vida da pessoa egressa do sistema prisional e que contribuem para o confinamento de pessoas negras no que Alexander denomina ser uma subcasta. A autora cita legislações dos Estados Unidos que autorizam órgãos de habitação pública a excluírem automaticamente do acesso a programas pessoas com antecedentes criminais ou que estejam de algum modo associadas a atividades criminosas — mesmo que indiretamente — e a despejá-las.

Ademais, órgãos estatais proíbem empregadores de um variado e crescente número de profissões de contratar pessoas que tenham sido condenadas por determinados crimes, havendo nas legislações da maioria dos estados autorização para que empregadores privados discriminem com base na ficha criminal de candidatos. Há, ainda, obrigações financeiras que são impostas aos egressos, a exemplo de honorários advocatícios, multas e taxas de administração de serviços judiciários, que representam dívidas com as quais dificilmente conseguem arcar e que podem até resultar no seu retorno à prisão por inadimplência (Alexander, 2018, p. 217-31).

Considerar a existência desses impedimentos é central para demonstrar que as dificuldades enfrentadas pelos afro-estadunidenses para superar a subcidadania não decorrem apenas da falta de oportunidades produzida pela pobreza, ou das desvantagens competitivas acumuladas de maneira transgeracional devido ao passado escravista, mas, em essência, vinculam-se ao fato de que as principais instituições com as quais se relacionam atualmente são desenhadas com o objetivo de impedir sua mobilidade social.

A construção institucional e interinstitucional do egresso do sistema prisional como um pária social forja um ciclo contínuo de entradas e saídas da prisão que conforma aquilo que Loïc Wacquant (apud Alexander, 2018, p. 153) denominou "circuito fechado da marginalidade perpétua".

Nem se argumente que esse cenário seria mera consequência de uma reação estatal legalmente amparada, socialmente legítima e proporcional ao problema da criminalidade associado às drogas e seus efeitos. Alexander inverte essa equação ao sustentar que o encarceramento em massa não é exatamente uma mera consequência lateral, tampouco um subproduto inevitável da guerra às drogas, mas uma estratégia funcional à manutenção da estratificação racial que extrai da chamada guerra às drogas o pretexto e a legitimação social necessários para operar virulentamente.

Com efeito, quando a guerra às drogas foi anunciada em 1982 pelo presidente Ronald Regan, o *crack* não era ainda um problema a ser enfrentado em comunidades negras, nas quais se fez presente apenas a partir de 1985. A guerra às drogas começou em um momento em que o consumo ilegal de drogas estava em declínio nos Estados Unidos.

Ademais, menos de 2% da população estadunidense enxergava o consumo e a venda de drogas ilícitas como um dos principais problemas a serem enfrentados pela nação. Foi necessária uma ofensiva midiática para tratar o surgimento do *crack* de forma sensacionalista, disseminar o medo e justificar a guerra. Portanto, Alexander demonstra que a guerra às drogas teve pouca relação com a preocupação pública com o enfrentamento à criminalidade e muito mais a ver com a tensão racial instalada no seio da nação e a necessidade de se estabelecer formas de combater o "inimigo" definido racialmente (Alexander, 2018).

A guerra às drogas se coloca como um meio extremamente eficaz de produzir o superencarceramento, pois opera a partir da margem de discricionariedade alargada que as forças policiais detêm. Por se tratar de um crime presente em todos os estratos sociais (ubiquidade) e consensual (tanto comprador como vendedor estão interessados no sucesso da operação), faz-se necessária uma atuação mais proativa das forças policiais do que a exigida na apuração de outros crimes, motivo pelo qual as polícias acabam usufruindo de muita liberdade na definição dos territórios em que esta ação repressiva será travada e na seleção de quem deve ser feito prisioneiro. A escolha, pautada por estereótipos conscientes e inconscientes, recai sobre pessoas negras e os territórios que elas ocupam.

Alexander não deixa de chamar atenção para o papel central que o sistema de justiça criminal cumpre na produção do encarceramento em massa da população afro-estadunidense, não apenas porque é ele quem convalida as abordagens, revistas e prisões em flagrante discricionárias levadas a cabo pelas forças policiais e quem exara condenações pautadas em estereótipos raciais, mas também porque a Suprema Corte, ao analisar o caso McCleskey *versus* Kemp em 1987, consolidou jurisprudência no sentido de que o preconceito racial, mesmo que evidenciado por estatísticas confiáveis que demonstrem o impacto desproporcional da atuação repressiva do sistema de justiça em desfavor de pessoas negras, não violaria a Décima Quarta Emenda à Constituição, que trata do dever de proteção igualitária, se não houver evidência de clara e consciente intenção de discriminar, o que demandaria que o juiz ou promotor do caso confessassem que agiram motivados por racismo, algo, por óbvio, altamente improvável (Alexander, 2018, p. 173).

Sabemos que a realidade étnico-racial brasileira, tanto do ponto de vista jurídico como do ponto de vista sociocultural, é bastante diferente daquela vivenciada nos Estados Unidos, e seria arriscado cair em aproximações e comparações grosseiras, simplistas e reducionistas.

Enquanto lá tem vigência o "preconceito de origem", aqui vigora o "preconceito de marca", conforme Oracy Nogueira (2006). Se, nos Estados Unidos, a discriminação racial se baseia na regra da hipodescendência, o que implica que portar "uma gota de sangue" é suficiente para que determinado indivíduo seja socialmente lido como negro, no caso brasileiro é o aspecto fenotípico que informa o processo de classificação racial e as práticas discriminatórias, não tendo relevância determinante para os processos de exclusão social a ascendência, apenas a aparência. Aqui não tivemos um regime de segregação racial legalizado, tal como o regime jurídico Jim Crow ou o *apartheid* na África do Sul, mas daí não se pode concluir que o racismo não se articulou por meio das ações e omissões estatais.

Essa é uma sinalização fundamental porque, durante muito tempo, em nosso país, teve vigor uma compreensão de que aqui não se adotaram formas de organização da sociedade ou de estruturação das instituições baseadas no racismo, a partir da consideração do racismo anglo-saxônico como paradigma para delimitação das fronteiras entre o que pode e o que não pode ser considerado discriminação racial.

De acordo com esse raciocínio, a existência de relacionamento sexual ou afetivo inter-racial, a inserção do negro no mercado de trabalho, ainda que em postos subordinados, e o compartilhamento de espaços públicos e privados por negros e brancos — mesmo que reproduzindo a lógica casa-grande e senzala — afastariam a existência do racismo.

Não obstante, conforme aponta Silvio Almeida (2018), desde a implantação da primeira República, as discussões em torno do projeto nacional caminharam para a institucionalização do racismo. De acordo com o autor, a intelectualidade brasileira e nossas elites políticas, ao se deparar com as três seguintes questões fulcrais para se pensar a formação da nação — "o que seria o Brasil após a independência de Portugal?"; "o que seria o Brasil com o fim do Império?"; e "o que seria o Brasil com o fim da escravidão?" — se debruçaram, necessariamente, sobre a questão racial e os problemas sociais herdados dos quase quatro séculos de escravidão (Almeida, 2018, p. 82).

Silvio Almeida (2018, p. 82) ressalta a década de 1930 como um momento crucial desse processo:

> A partir da década de 1930 a necessidade de unificação nacional e formação do mercado interno, em virtude do processo de industrialização, dá origem a toda uma dinâmica institucional para a produção do discurso da democracia racial, em que a desigualdade racial — que se reflete no plano econômico — é transformada em diversidade cultural, e, portanto, tornada parte da paisagem nacional.

A ideologia da democracia racial erigida ao *status* de mito fundador da nação e de discurso oficial do Estado brasileiro foi responsável, notadamente a partir da década de 1930, por fechar as portas, por um longo período, para uma compreensão mais abrangente e sofisticada do fenômeno do racismo em nosso país. Por muitos anos, ela pautou tanto a política interna quanto a política externa brasileira. Essa segunda dimensão fica evidenciada no discurso do então Ministro das Relações Exteriores do Brasil, Juracy Magalhães Júnior, durante sessão ordinária da Assembleia Geral das Nações Unidas em 1966. Na ocasião, ele afirmou que a assinatura da Convenção Internacional sobre a Eliminação de Todas as Formas de Discriminação Racial, longe de expressar o reconhecimento da existência do racismo "intramuros", representava o compromisso brasileiro com o enfrentamento do racismo no contexto exógeno:

> No campo dos problemas sociais e das relações humanas, o Brasil orgulha-se de ter sido o primeiro país a assinar a Convenção Internacional sobre a Eliminação de Todas as Formas de Discriminação Racial, aprovada pela última sessão da Assembleia Geral. Dentro das fronteiras do Brasil, na realidade, tal documento não seria tão necessário, uma vez que o Brasil é há muito tempo um exemplo proeminente, e eu diria até o primeiro, de uma verdadeira democracia racial, onde muitas raças vivem e trabalham juntas e se mesclam livremente, sem medo ou favores, sem ódio ou discriminação. Nossa terra hospitaleira há muito tem estado aberta aos homens de todas as raças e religiões; [...] todos possuem os mesmos direitos, e todos estão igualmente orgulhosos de serem parte de uma grande nação. (Magalhães apud Silva, 2007, p. 69)

Projeto de Estado-nação e modernização eurocentrada

O Programa de Combate ao Racismo Institucional (PCRI), implementado em 2005, definiu o racismo institucional como

> o fracasso das instituições e organizações em prover um serviço profissional e adequado às pessoas em virtude de sua cor, cultura, origem racial ou étnica. Ele se manifesta em normas, práticas e comportamentos discriminatórios adotados no cotidiano do trabalho, os quais são resultantes do preconceito racial, uma atitude que combina estereótipos racistas, falta de atenção e ignorância. (CRI apud Geledés, 2014, p. 11)

Contudo, os elementos que iremos agregar à nossa análise nos tópicos seguintes estabelecem a necessidade de compreender o racismo institucional para além da dimensão da "falha" institucional.

Devemos questionar a ideia de que o racismo institucionalizado seria produto do fracasso das instituições, pois essa perspectiva desconsidera como o racismo informa a gênese das instituições brasileiras, em conexão com os anseios de modernização da classe dominante no pós-abolição. Assim, a expressão do racismo no ambiente institucional parece ser mais reflexo da perseguição de um projeto de Estado-nação eurocentrado que de um desvirtuamento do seu funcionamento.

A preocupação da classe intelectual e da elite política brasileira no pós-abolição, notadamente a partir da década de 1930, era a de forjar uma classe trabalhadora composta por sujeitos igualmente livres, que pudessem, partindo dessa equivalência formal, negociar a venda da sua força de trabalho em troca de um salário. Com a generalização da relação assalariada, seria possível a hegemonia das novas elites industriais.

Ao passo que a imposição do tratamento isonômico se fazia necessário para a universalização da relação assalariada por meio do contrato de trabalho, ela somente foi possível com a elaboração de uma representação de nação racialmente homogênea e cujo elemento antropológico seria o produto do processo de miscigenação entre as três raças originárias (africana, indígena e euro-brasileira) que produziria o branqueamento gradual da população até que ela se tornasse completamente clara, "branca", sendo aparentemente ariana[3] aos olhos distraídos ou dissimuladores de quem desejava ser ou estar "branco".

É importante ter em mente que os intelectuais da Primeira República (1889-1930), a exemplo de Silvio Romero, Euclides da Cunha, Alberto Torres, Manuel Bonfim, Raimundo Nina Rodrigues, João Batista de Lacerda, Edgar Roquete Pinto e Oliveira Viana, dentre outros, fortemente influenciados pelo eugenismo (Stepan, 2014), racismo científico e darwinismo social da época, viam os ex-escravizados como um problema a ser superado, como uma ameaça e um obstáculo à construção de uma nação que se pretendia branca, pois se acreditava que a presença negra poderia acarretar uma influência negativa na

3. Os ideólogos do branqueamento, fortemente influenciados pelas ideias de Arthur de Gobineau (1816-1882) e cujo principal expoente nacional talvez tenha sido Oliveira Viana (1883-1951), acreditavam que o sangue branco (superior) prevaleceria no curso do processo de miscigenação, passando a dominar morfológica, psicológica e culturalmente o tipo da população brasileira até que esta alcançasse a falsa aparência de ariano puro. O branqueamento da população foi institucionalmente patrocinado por uma série de legislações migratórias no período pós-abolicionista, concebidas para a erradicação do componente negro da população brasileira, algo que Abdias Nascimento (2011, p. 86) caracterizou como uma estratégia de genocídio.

formação da identidade étnica brasileira em consequência da herança "inferior" do negro (Munanga, 2014).

A raça foi colocada como eixo central dos caminhos propostos para a construção da identidade nacional e, portanto, para viabilizar o futuro da nação. Alguns aspectos da obra de Raimundo Nina Rodrigues (1957), *As raças humanas e a responsabilidade penal no Brasil*, nos auxiliam a compreender essa passagem da abolição para a pós-abolição e em que medida essa mudança social profunda se refletiu na conformação das nossas instituições, inclusive as jurídicas.

Nina Rodrigues, enquanto adepto da antropologia criminal e tributário do pensamento de Lombroso, Ferri e Garófalo, sustentava que diferentes características raciais interferiam na gênese dos crimes. Em outras palavras, para ele, raça era um fator criminógeno. Uma das suas principais preocupações residia nos riscos da aplicação rigorosa do ideal clássico da igualdade jurídica — igualdade de tratamento perante a lei — na sociedade brasileira, pois a diversidade étnico-racial presente na sociedade impediria a aplicação desse princípio (Alvarez apud Góes, 2016, p. 205).

Salienta-se que, para Nina Rodrigues, pessoas negras, dado o seu baixo grau de desenvolvimento, não eram dotadas de livre-arbítrio e, consequentemente, não poderiam ser responsabilizadas de acordo com o direito penal clássico, já que não se poderia afirmar que ao praticar um ato ilícito agiam com consciência e vontade de violar a lei. Para o autor, os pertencentes a essa "raça subdesenvolvida" seriam inimputáveis, já que não teriam a capacidade de se autodeterminar, atributo este exclusivo da raça branca superior. Todavia, a impossibilidade de aplicar-lhes uma sanção penal, guardando coerência com os princípios do direito penal liberal, ocasionaria, receava Nina Rodrigues, a "desordem", o "caos delinquencial", colocando em risco a segurança nacional (Góes, 2016).

Havia, dessa maneira, uma forte preocupação com a manutenção da ordem herdada do sistema colonial-escravista, que exigia a adoção de medidas de defesa social contra esse grupo de ex-escravizados e seus descendentes.

Diante da diversidade étnico-racial característica da sociedade brasileira, da possibilidade de mais miscigenações e da crença no fator degenerescência associado à mestiçagem, Nina Rodrigues conclui não ser possível restringir a aplicabilidade do conceito de crime e das premissas de imputabilidade (atribuição de sanção) aos grupos ditos civilizados, como recomendaria a observância ortodoxa aos princípios penais liberais, pois estes representavam uma minoria populacional (Góes, 2016).

Trilhar esse caminho significaria deixar uma grande massa da população à margem de qualquer controle repressivo, algo que não era factível e tampouco recomendável diante da forte obsessão com a segurança nacional, alimentada pelo medo branco das revoltas populares, tanto as internas, a exemplo da Revolta dos Malês (1835), da Balaiada (1838-1841) e de Canudos (1896-1897), como as externas, da qual o maior exemplo é a Revolução Haitiana (que culminou na independência da ilha de São Domingos do jugo colonial, em 1804), o maior levante de ex-escravizados já visto na história da humanidade (Góes, 2016).

Ao deparar com os dilemas trazidos pela herança escravista e movido pelo anseio de modernização (europeização), Nina Rodrigues embrenha-se em um esforço de ecletismo teórico, alinhando os princípios clássicos do direito penal liberal com a antropologia criminal racista para garantir alguma aderência dos postulados da doutrina jurídica europeia ao cenário "indiossincrático" brasileiro.

É desse modo que o autor propõe a adoção de, ao menos, quatro códigos penais no Brasil, em correlação com os seus estudos, por meio dos quais havia identificado a existência de pelo menos quatro grandes grupos raciais variáveis entre si em função da menor ou maior presença da herança das raças "puras" (branca e negra) e de acordo com quatro grandes regiões — dado que a diversidade climática e a geológica são consideradas fatores degenerativos em compasso com o darwinismo social que influencia seu pensamento (Góes, 2016).

A proposta de Nina Rodrigues não resulta vencedora, pois o que prevalece é a adoção de um único Código Penal, o de 1890.[4] Não obstante, ele não deixará de denunciar que a jovem República "cometeu o grande duplo erro de adotar a unidade do código penal, a dualidade da magistratura" (Góes, 2016, p. 223).

4. O uso do direito como instrumento de defesa social era algo tão central dentro do projeto político da República que o Código Penal (1890) foi promulgado antes da Constituição, a lei maior, que somente ganhou vigência em 1891.

Apesar da adoção de um diploma penal único, mimetizando o italiano, a prática judiciária brasileira concederá à magistratura uma liberdade que lhe permitirá adotar um *direito penal do fato*, aplicado de acordo com os postulados da Escola Clássica iluminista para o contingente branco "civilizado" e um *direito penal do autor*, assentado nas premissas originariamente racistas do positivismo criminológico, para o contingente negro, considerado inferior, a despeito da sua suposta inimputabilidade, banindo qualquer possibilidade de acesso desse grupo a direitos.

Isso quer dizer que, enquanto a população branca será punida em função da transgressão da norma penal, a população negra será punida em função de quem é (Vargas, 2017). Assim, o Estado pode se desonerar do cumprimento de diversas normas que, ao estabelecerem garantias penais e processuais para a adequada observância ao princípio constitucional da presunção de inocência, se tornam supérfluas.

Adota-se um direito penal de feição preventiva em face da comunidade negra, que aposta em prisões cautelares, ou seja, anteriores à instrução processual e à comprovação de culpabilidade, e na supressão de garantias constitucionais e direitos fundamentais, de que são exemplo nos dias atuais: a invasão a domicílios sem mandado judicial; as abordagens e revistas pessoais sem qualquer motivo (fundada suspeita) realizadas pelas forças policiais; as restrições indevidas estabelecidas por juízes ao arrolamento de testemunhas de defesa e à produção de provas relevantes para a comprovação de álibis e da alegação de inocência; a equiparação do silêncio dos réus, de forma prejudicial e inconstitucional, à confissão; a manutenção de pessoas presas pela impossibilidade econômica de arcar com o pagamento de fiança; a ausência de assistência jurídica efetiva em todas as etapas da persecução penal etc.

Além disso, são comuns no cotidiano dos tribunais decisões judiciais que fundamentam a expedição de ordem de prisão e a condenação de pessoas negras na suposta predisposição criminal inerente aos acusados — o que se extrai de expressões corriqueiramente identificadas no cotidiano forense como "personalidade desviada" e "personalidade voltada à prática de crimes".

A concessão de tratamento igualitário perante a lei aos diferentes grupos racializados persiste até os dias atuais, porém convivendo com um padrão desigual de acesso à justiça e de exercício dos direitos.

Se, nos Estados Unidos, apenas após o desmantelamento do regime Jim Crow a legislação passou a adotar um padrão de tratamento formal igualitário, combinado com a adoção do rótulo "criminoso" para permitir que esse sistema, apesar de concebido em termos universalistas, continuasse operando seletivamente para promover o controle e o encarceramento de grupos racializados por meio da guerra às drogas, no Brasil a própria adoção de legislação universalista faz parte da estratégia de perpetuação das formas estruturais de exclusão. Assim, é um componente central da tecnologia de dominação racial, ao menos, desde a abolição legal da escravidão.

Racismo de denegação

As classes dominantes e a *intelligentsia* a serviço dessa classe nunca renunciaram a um projeto de Estado-nação centrado na ideologia do branqueamento. Não se pretendeu conceber uma nacionalidade pautada em uma identidade plurirracial e pluriétnica que valorize e reconheça efetivamente o lugar protagonista das culturas negra e indígena (Gonzalez, 2018).

O cerne desse projeto de Estado-nação corresponde à denegação da nossa "ladinoamefricanidade". Lélia Gonzalez (2018) utiliza esse termo para se referir a uma identidade cultural, geográfica e etnicamente referenciada, afrocentrada, que se constituiu na América Latina com base nas experiências compartilhadas de resiliência, resistência, produção material e imaterial das condições de existência e elaboração de utopias de reexistência dos povos africanos e afro-brasileiros, a partir do seu choque com a conquista, o colonialismo, o escravismo, o tráfico transatlântico de africanos e o racismo.

Essa ladinoamefricanidade tem sido recalcada por meio de classificações eurocêntricas como "folclore" ou "cultura popular" enquanto parte de um processo de ocultamento e negação dos aportes civilizatórios indígenas, africanos e afrodiaspóricos cuja contraface é a vivência do branco como ideal de ego (Gonzalez, 2018).

Gonzalez cunhou a categoria "racismo de denegação", em contraposição ao "racismo aberto" identificado em sociedades anglófonas, referindo-se ao fato de que em nosso país, ao mesmo tempo que temos convivido historicamente com um discurso estatal que enuncia a "contribuição" de negros e indígenas em nossa formação social e propaga a ideia de uma sociedade racialmente democrática, age-se de forma sistemática, embora sem o admitir, para eliminar e limitar as suas formas de reprodução social (Gonzalez, 2018). Em outras palavras, o que se tem subentendido nesse projeto de Estado-nação é o genocídio e o etnocídio de negros e indígenas.

Embora haja elementos para afirmar, com base na releitura decolonial de nossa formação histórico-cultural e matriz identitária proposta por Gonzalez (2018), que todos os brasileiros são amefricanos e falam "pretuguês"— o português africanizado —, o racismo atua para a denegação da nossa ladinoamefricanidade e, ao cumprir essa função social, pode ser compreendido como "sintoma da neurose cultural brasileira" (Gonzalez, 2018, p. 322).

O racismo de denegação que caracteriza a nossa região latino-americana dialoga com a robusta experiência adquirida por Espanha e Portugal no que tange ao estabelecimento de processos eficazes de articulação das relações etnorraciais, o que se deu em meio aos séculos de luta contra os mouros na Península Ibérica:

> A formação histórica de Espanha e Portugal foi feita a partir da luta de muitos séculos contra os mouros, que invadiram a Península Ibérica no ano de 1771. [...] As sociedades ibéricas foram estruturadas de maneira altamente hierárquica, com muitas camadas sociais diferenciadas e complementares. [...] Nessas sociedades, a afirmação de que todos são iguais perante a lei assume um caráter extremamente formalista. [...] Enquanto mouros e judeus eram sujeitos a violento controle social e político, as sociedades que vieram a constituir a chamada América Latina foram as herdeiras históricas das ideologias de classificação social (racial e sexual) e das técnicas jurídico-administrativas das metrópoles ibéricas. Racialmente estratificadas, dispensaram formas abertas de segregação. (Gonzalez, 2018, p. 326)

Ao falarmos em "racismo institucional" e em "racismo de denegação", nossa preocupação reside não em definir tipologias de racismo, mas em alargar a compreensão a respeito de como o racismo, enquanto fenômeno complexo, multifacetado e modulável no espaço-tempo, opera em nosso contexto regional e, principalmente, nacional, para a preservação e atualização das hierarquias de humanidade forjadas no contexto do escravismo colonial.

A equiparação do racismo ao preconceito ou à discriminação racial, portanto, constitui uma perspectiva amesquinhada desse fenômeno. Reduzir o racismo à ignorância e a julgamentos precipitados de sujeitos ou a condutas individuais, episódicas e moralmente desviantes que resultem em tratamento diferenciado desvantajoso, preterimento ou exclusão de indivíduos ou de uma coletividade negra equivale a estar em "cumplicidade sistêmica" com ele (Moore, 2015).

A proteção e a garantia de continuidade de vidas negras, assim como a promoção dos seus direitos básicos, não são medidas cujo cumprimento possamos esperar que seja automaticamente desempenhado pelas instituições de Estado. Em vez disso, constatamos, na análise das estatísticas de criminalização, que o encarceramento e as mortes violentas de pessoas negras são uma atuação concertada dos aparelhos ideológicos de Estado e das forças repressivas que ele monopoliza, cujo efeito é a eliminação desse contingente ou seu afastamento coercitivo do convívio social.

Uma vez que há uma identificação automática entre cidadania e a condição de branco, a negritude, por sua vez, dispara e legitima a violência pré-lógica e irracional do aparato estatal. Enquanto um cidadão só pode ser punido quando transgride a norma, o negro não é punido em função do que faz, mas em decorrência de quem é, ou melhor, de quem não é, encontrando-se submetido a um regime de violência ontológica, portanto, permanente e gratuita (estado de terror). Uma violência que é "previsível na sua imprevisibilidade e imprevisível em sua previsibilidade" (Vargas, 2017, p. 96).

Para inglês ver: conquistas de papel

Os corpos negros que magnetizam balas (Coates, 2015) são também aqueles que encontram inúmeros óbices para mobilizar as instituições a fim de que atuem eficientemente na garantia de seus direitos, na promoção da cidadania e no enfrentamento da discriminação, mesmo que haja um arcabouço constitucional e legislativo voltado à promoção da equidade étnico-racial.

Tal observação nos leva a concluir que a existência de legislação antirracista nem sempre — ou raramente — produz como resultado o efetivo enfrentamento do racismo. Como nos ensina Edson Cardoso,

> nenhum outro segmento da população brasileira experimentou a inutilidade da isonomia, a inutilidade das normas como nós experimentamos. [...] A Constituição de 1824 proíbe os açoites e as penas cruéis, e em 1910 estávamos fazendo uma revolta para combater a Chibata, já na República. (*Além do espelho*, 2017)

O racismo institucional é o elemento que, a nosso ver, explica essa aparente contradição. Em uma breve digressão histórica, cumpre relembrar a Lei Feijó, de 7 de novembro de 1831, que tornou ilegal a "importação de escravos", prevendo pena de prisão cumulada com multa aos que violassem a lei e tornando livres os escravizados vindos de fora do país.[5] A lei ficou conhecida como "lei para inglês ver", já que serviu para dar um aceno positivo à Coroa inglesa — que pressionava diplomaticamente pelo fim da escravidão — ao dar a impressão de que medidas contundentes vinham sendo tomadas para atingir esse objetivo, ao passo que se conferia sobrevida ao regime escravista e se angariava tempo para arquitetar o novo sistema de dominação racial.

Pesquisas informam que entre 1831 e 1850, quando promulgada a Lei Eusébio de Queiroz, que previa medidas de repressão ao tráfico de escravizados, como a apreensão de navios negreiros, cerca de 500 mil africanos foram traficados ilegalmente para o Brasil.[6]

De acordo com Sidney Chalhoub, cerca de 42% do total estimado de africanos traficados para o Brasil — 4,8 milhões de pessoas — teria chegado na primeira metade do século XIX, sendo que uma parte significativa desse contingente foi "contrabandeada" contando com a conivência ampla de diversos escalões da burocracia estatal comprometidos com a economia de *plantation* e com os interesses dos mercadores de seres humanos. Em suma, formou-se um pacto institucionalizado — embora oficioso — em prol da violação da lei, evidenciado por meio de diversas artimanhas consistentes na

---

5. É sabido que Luiz Gama libertou milhares de escravizados após recorrer ao judiciário, por meio das ações de liberdade, para obter o reconhecimento de seu direito à liberdade com base na comprovação de que tinham sido "importados" ilegalmente, isto é, após a vigência da lei de 1831.

6. O dado é apresentado na reportagem de Fernando Duarte (2015).

> ampliação do conceito de africano ladino para incluir gente [escravizada] recém-chegada que falasse qualquer coisa de português e passasse por importada antes da lei, e no afrouxamento dos critérios de prova da propriedade escrava e produção de papéis que davam aparência de legalidade à propriedade ilegal. (Chalhoub apud Mamigonian, 2013, p. 398)

Os fatos são perturbadores e suas possíveis repercussões práticas, em termos de responsabilização do Estado brasileiro e políticas de reparação, ainda estão por se fazer de maneira séria e responsável, atingindo inclusive famílias escravistas herdeiras desse passado.

A expressão "lei para inglês ver" passou a ser utilizada para se referir às leis que na prática não são implementadas, que não passam de letra morta. É costume dizer, no Brasil, que há leis que pegam e leis que não pegam. Esse elemento de nossa cultura jurídica não é um dado apartado do racismo. Há uma naturalização da inefetividade da legislação e do não cumprimento da lei — que se constata entre atores do próprio sistema de justiça — que só pode ser compreendida se considerarmos nossa história colonial e as hierarquias de humanidade que ela forjou. De fato, a enunciação formal de direitos em favor da maioria negra em no Brasil tem convivido com a negação sistemática do seu acesso aos direitos proclamados na norma e ao gozo da cidadania em todas as esferas da vida social.

Foi apenas em 1951 que a Lei Afonso Arinos proibiu pela primeira vez a prática de discriminação racial, tipificando-a como contravenção penal. A iniciativa legislativa, mais uma vez, surge vocacionada para livrar o país de constrangimento internacional após a bailarina afro-estadunidense Katherine Dunham ter sido impedida de se hospedar em um hotel de São Paulo. A seu respeito, Abdias Nascimento (2016, p. 97) constata: "Trata-se de uma lei que não é cumprida nem executada. Ela teve um valor puramente simbólico".

Em 1997, Simone André Diniz, uma mulher negra em busca de emprego, consultou os anúncios classificados do jornal *Folha de S.Paulo,* identificando um que informava interesse na contratação de uma empregada doméstica, de preferência, branca. Simone ligou para o número informado no anúncio e se apresentou como candidata à vaga de emprego oferecida. Foi atendida pela encarregada da anunciante, que indagou acerca da cor de sua pele. Ao receber a resposta de Simone, a preposta informou que esta não preenchia os requisitos para o emprego. Indignada com a discriminação racial sofrida, Simone registrou os fatos em uma Delegacia de Polícia, tendo havido a instauração de inquérito policial para apurar violação, em tese, ao artigo 20 da Lei n. 7.716/89, que define a prática de discriminação ou preconceito de raça como crime, na esteira do mandamento de criminalização do racismo contido na Constituição Federal de 1988, fruto da luta dos movimentos sociais negros. Ocorre que o Ministério Público se manifestou pelo arquivamento do inquérito, com fundamento na ausência de indícios de que o ato constituísse crime de racismo. Pautou-se, para tanto, nas alegações da indiciada, que se defendeu em solo policial afirmando que era casada com um homem negro e narrando ter tido experiência negativa com empregada negra que havia maltratado seus filhos. O parecer ministerial foi acolhido pelo juízo e o inquérito foi arquivado. O caso foi encaminhado à Comissão Interamericana de Direitos Humanos (OEA).

Ao analisar o caso, a Comissão referiu ser regra em nosso país a impunidade dos crimes raciais. Tal diagnóstico foi atribuído à tolerância dos agentes do sistema de justiça criminal diante da prática do racismo, expressa em tentativas de minimizar a gravidade dos fatos, alegações de ausência de tipicidade das agressões raciais ou dificuldade de comprovar a intenção discriminatória (dolo), sempre que o perpetrador negue ter agido com base em ódio racial. Em suma, se o acusado não confessa ser um "racista convicto", é muito improvável que o sistema judicial brasileiro reconheça a ocorrência do crime de racismo.

A Comissão, além de reconhecer que Simone foi vítima de discriminação racial interpessoal e institucional, apontou a existência de um padrão de desigualdade no acesso à justiça em nosso país, pois o cidadão ou a cidadã negros são privados do reconhecimento do direito de não ser discriminados, assim como do exercício do direito de aceder ao sistema judicial para ver reparada a discriminação racial sofrida.

Liberalismo racial brasileiro: igualdade formal e homogeneidade racial

No Brasil, a generalidade das leis tem se associado eficientemente a uma prática judicial responsável por distribuir o direito desigualmente em conformidade com a pertença étnico-racial de indivíduos ou grupos. A igualdade de tratamento formal — atribuição de uma mesma consequência jurídica ao conjunto dos cidadãos — tem sido instrumentalizada para o encobrimento das desigualdades estruturais e da discriminação étnico-racial produzida e reproduzida pelo funcionamento em condições "normais" das instituições.

Adilson Moreira (2017) adverte que a noção de universalidade e a elaboração das normas jurídicas, que se estabelecem do ponto de vista técnico-legislativo, devem se dar em termos abstratos e impessoais e não se confundir com a realização do ideal de tratamento equânime de todos os membros de uma comunidade política.

Um fator importante para permitir que o tratamento legal generalista seja identificado com o primado da igualdade corresponde à ideologia da democracia racial, de acordo com Moreira. Ela traz a dimensão de neutralidade racial ao funcionamento das instituições, possibilitando que a igualdade de tratamento perante a lei, isto é, a lógica do tratamento simétrico — que desconsidera as desigualdades materiais, que estabelecem diferentes pontos de partida para os diferentes grupos sociais —, seja considerada justa.

A força inercial desse mito (Munanga, 2023), que permanece difuso no inconsciente coletivo e nas institucionalidades, muito embora já tenha sido desmantelado científica e politicamente pelos movimentos sociais negros, permite o encobrimento das desigualdades etnorraciais e das relações de poder históricas a elas atreladas, possibilitando que todos se vejam apenas como brasileiros no bojo de uma sociedade que representa a si própria como "unicultural" e "unirracial", porquanto mestiçada biológica e culturalmente (Munanga, 2004).

Esse suposto amálgama social é forjado nos quadrantes do modelo étnico-racial hegemônico branco, restando à população negra e indígena uma integração subordinada que combina a repressão de suas formas de produção de conhecimento e de seus universos de sentidos com a expropriação dos aportes civilizatórios desses grupos que sejam úteis à reprodução da dominação.

Da mesma forma, as instituições se valem dessa representação social compartilhada a respeito do que nos define brasileiros (suposta cordialidade e índole racialmente democrática) para impor os interesses e privilégios da classe dominante pela retórica do "bem comum" e do "interesse público".

Em outras palavras: de um lado, uma concepção abstrata de igualdade e dos princípios jurídicos de modo geral, que se satisfaz com a mera igualdade de tratamento perante a lei pela consideração dos sujeitos de forma individualizada e apartada de seus condicionamentos corpo-políticos e geopolíticos (Grosfoguel, 2016); de outro, a ideologia da democracia racial, que atua para a homogeneização étnico-racial e é essencial à constituição de uma ideia de "cultura pública comum", forjando o paradigma de sociabilidade que viabiliza o pleno funcionamento dos princípios liberais (Moreira, 2017).

Dessa forma, o liberalismo racial brasileiro:

> articula princípios liberais com a ideologia da democracia racial para negar a necessidade de políticas de inclusão racialmente conscientes no Brasil. Assim, as promessas de transformação presentes na Constituição Federal são destituídas de efeito e mecanismos de exclusão continuam atuando para perpetuar uma ordem social construída para privilegiar pessoas brancas desde a sua fundação. (Moreira, 2017, p. 411)

A disseminação de um senso de pertencimento comum é essencial para que a doutrina do liberalismo racial possa encontrar legitimidade política e aderência social. Essa doutrina, por sua vez, tem servido como trincheira daqueles que se opõem às ações afirmativas de cunho étnico-racial. Mas não só. De modo geral, tem servido para negar o caráter sistêmico e institucionalizado do racismo, daí porque só pode ser compreendida como um "projeto de dominação racial" (Moreira, 2017, p. 409).

A partir dela, a discriminação racial tem recebido uma abordagem restritiva, sendo tratada como um desvio comportamental, particularmente expresso por meio de ofensas verbais e típico de indivíduos "anômalos" ou "patológicos" — situação que, em tese, seria satisfatoriamente enfrentada por meio da aplicação de normas penais que criminalizam o racismo —, ou, ainda, como preconceito — hipótese em que bastaria, a título de contestação, a reafirmação do dever moral de tratamento igualitário dos indivíduos.

Essa realidade também se relaciona com o fato de a discriminação racial produzida e reproduzida no seio das instituições frequentemente ser de natureza indireta, ou seja, nem sempre decorrer de uma ação intencional explícita do agente envolvido, motivo pelo qual somente é verificável pela análise dos resultados de determinada norma, decisão, praxe, fluxo, orientação institucional ou política pública.

Muito embora essa medida institucional possa ter sido formulada em termos gerais, não pretendendo se dirigir a um grupo social específico, e ainda que não tenha se valido de formas de diferenciação de pessoas e grupos legalmente vedadas, ela pode acabar produzindo impacto desproporcional para determinada parcela da sociedade que já se encontra em situação de desvantagem social, resultando no seu acesso díspar aos serviços oferecidos pela instituição.

Desse modo, a análise de dados e estatísticas a respeito dos serviços ofertados por determinada instituição é fundamental para que seja possível identificar um eventual resultado discriminatório; igualmente, a obrigatoriedade de preenchimento do quesito raça/cor é vital para assegurar dados desagregados e abordagens comparativas entre os diferentes estoques raciais que podem vir a revelar uma eventual discrepância na qualidade de acesso a esses serviços.

Em alguns casos, a intenção de discriminar pode se fazer presente, porém ser dissimulada com o emprego de algum fator fortemente associado — por razões socioeconômicas, políticas e históricas — ao grupo que se pretende atingir. É o que constatamos, por exemplo, quando se passou a adotar o requisito da "boa aparência" em anúncios de emprego no lugar da antiga advertência "não são aceitas pessoas de cor". Embora não tivesse uma conotação racial explícita, a "boa aparência" passou a ser um eufemismo para se referir a "branco" e, assim, essa exigência serviu (e ainda serve) para subsidiar a discriminação racial no mundo do trabalho.

Uma vez que a discriminação racial indireta se manifesta de forma velada e sofisticada, é comum que as instituições (públicas e privadas) não sejam percebidas pela opinião pública como perpetradoras do racismo, apesar das denúncias reiteradas de discriminação racial apresentadas por pessoas negras usuárias desses serviços. Tais denúncias são frequentemente desqualificadas pela invalidação da experiência como fonte de conhecimento e por serem consideradas relatos emocionados, subjetivos e carentes de comprovação.

Um levantamento inédito realizado pela Agência Pública analisou 4 mil sentenças judiciais envolvendo crimes relacionados ao tráfico de drogas do ano de 2017 e concluiu que os magistrados condenaram proporcionalmente mais negros do que brancos na cidade de São Paulo. A pesquisa verificou que os brancos são mais beneficiados do que os negros com a desclassificação do crime de tráfico para o crime de posse de drogas para consumo pessoal (menos grave), sendo que a diferença é de cerca de 50% em favor dos brancos. Também se constatou que negros são processados por tráfico portando, em média, quantidades menores de drogas (maconha, cocaína e *crack*), comparativamente aos brancos (Domenici e Barcelos, 2019).

A pesquisa "Policiamento ostensivo e relações raciais: estudo comparado sobre formas contemporâneas de controle do crime" (Sinhoretto et al., 2020) concluiu que, no município de São Paulo, a taxa de negros mortos em ações policiais chega a ser de 3 a 7 vezes maior do que a de não negros (2014-2018) e, no estado de São Paulo, há de 2,2 a 2,4 vezes mais chance de uma pessoa negra ser presa em flagrante do que uma pessoa não negra (2014-2017). Os dados gerais levantados na pesquisa revelam que "a formação de suspeição parece ser norteada por marcadores de uma racialização, ou seja, oferecem ideais de um 'criminoso nato', ou um 'suspeito em potencial', que trazem consigo signos entendidos como da população negra: territorialidade, vestimentas — boné, camiseta de time de futebol, bermuda etc. —, cor da pele e o próprio modo de agir, de se portar" (Sinhoretto et al., 2020, p. 215) e que "existe a reprodução contínua da visão do potencial criminoso como sendo o pobre, negro e jovem" (Sinhoretto et al., 2020, p. 379), o que informa em caráter determinante as ações de policiamento ostensivo. Não obstante, a pesquisa, que entrevistou policiais, observou que estes não consideram que o racismo oriente suas ações, embora sejam capazes de reconhecer que a sociedade brasileira é racista.

A associação entre negritude e criminalidade tem cumprido um papel central na naturalização da atuação racialmente seletiva do sistema de justiça criminal, que passa a ser percebida como normal e inevitável, apesar das estatísticas insofismáveis. A sobrerrepresentação de pessoas negras nos cárceres costuma ser avaliada como um produto da desigualdade de classes, que impacta indiretamente a população negra, mas não como reflexo do racismo.

A manipulação midiática desse estereótipo racializado que associa o homem negro, notadamente o jovem e periférico, ao crime interfere também na distorção de percepções dos fatos por vítimas e testemunhas que podem levar a incontornáveis erros judiciários — um levantamento realizado pela Defensoria Pública do Estado do Rio de Janeiro (2022) concluiu que, em 83% dos casos de erro de reconhecimento fotográfico, os réus eram negros —, na prolação de sentenças mais duras, no uso excessivo da força com maior probabilidade de um resultado letal e na revitimização de pessoas negras.

Os nossos tribunais, em regra, têm admitido que o sistema de justiça criminal funcione de forma estruturalmente racista, desde que ninguém confesse ser preconceituoso. A hermenêutica jurídica da branquitude (Moreira, 2017) segue com suas artimanhas, ancorada na desfaçatez histórica dos sujeitos que acumularam o privilégio de conceber e manejar as instituições de Estado e seus aparelhos ideológicos para vocalização de seus próprios interesses e espelhamento de seu projeto restrito de humanidade.

Referências bibliográficas

ALÉM DO ESPELHO. Direção: Ana Luiza Flauzina. 2017. Disponível em: https://www.youtube.com/watch?v=A039sQZWS4w&t=26s. Acesso em: 2 fev. 2023.

ALEXANDER, Michelle. *A nova segregação*: racismo e encarceramento em massa. São Paulo: Boitempo, 2018.

ALMEIDA, Silvio. *O que é racismo estrutural?* Belo Horizonte: Letramento, 2018.

BERTÚLIO, Dora Lucia de Lima. *Direito e relações raciais*: uma introdução crítica ao racismo. Dissertação (Mestrado em Direito) — Universidade Federal de Santa Catarina, Florianópolis, 1989.

CHALHOUB, Sidney. *A força da escravidão*: ilegalidade e costume no Brasil oitocentista. São Paulo: Companhia das Letras, 2012.

COATES, Ta-Nehisi. *Entre o mundo e eu*. São Paulo: Objetiva, 2015.

DEFENSORIA PÚBLICA DO ESTADO DO RIO DE JANEIRO. Diretoria de Estudos e Pesquisas de Acesso à Justiça. "O reconhecimento fotográfico nos processos criminais no Rio de Janeiro". Rio de Janeiro (RJ), 5 maio 2022. Disponível em: https://sistemas.rj.def.br/publico/sarova.ashx/Portal/sarova/imagem-dpge/public/arquivos/relat%C3%B3rio_sobre_reconhecimento_fotogr%C3%A1fico_nos_processos_criminais_05.05.22.pdf. Acesso em: 20 ago. 2023.

DOMENICI, Thiago; BARCELOS, Iuri. "Negros são mais condenados por tráfico e com menos drogas em São Paulo". *Agência Pública*, 6 maio 2019. Disponível em: https://apublica.org/2019/05/negros-sao-mais-condenados-por-trafico-e-com-menos-drogas-em-sao-paulo/. Acesso em: 2 fev. 2023.

DUARTE, Fernando. "O polêmico debate sobre reparações pela escravidão no Brasil". BBC News Brasil, 20 nov. 2015. Disponível em: https://www.bbc.com/

portuguese/noticias/2015/11/151120_brasil_escravidao_reparacoes_fd. Acesso em: 2 fev. 2023.

GELEDÉS — INSTITUTO DA MULHER NEGRA. *Guia de enfrentamento do racismo institucional*. 2014. Disponível em: http://www.onumulheres.org.br/wp-content/uploads/2014/04/Guia_de_enfrentamento_ao_racismo_institucional.pdf. Acesso em: 1º maio 2023.

GÓES, Luciano. *A "tradução" de Lombroso na obra de Nina Rodrigues*: o racismo como base estruturante da criminologia brasileira. Rio de Janeiro: Revan, 2019.

GOMES, Renato. "Cultura jurídica e diáspora negra: diálogos entre direito e relações raciais e a teoria crítica da raça". *Revista Direito e Práxis*, Rio de Janeiro, v. 12, n. 2, abr.-jun. 2021, p. 1203-41. Disponível em: https://www.scielo.br/j/rdp/a/NFJR7sgzKmzc78Z5Q87JYGK/?lang=pt. Acesso em: 27 jul. 2023.

GONZALEZ, Lélia. *Primavera para as rosas negras*. São Paulo: Diáspora Africana, 2018.

______. "A categoria político-cultural de amefricanidade". *Tempo Brasileiro*, Rio de Janeiro, n. 92/93, jan.-jun. 1988, p. 69-82.

GROSFOGUEL, Ramón. "A estrutura do conhecimento nas universidades ocidentalizadas: racismo/sexismo epistêmico e os quatro genocídios/epistemicídios do longo século XVI". *Revista Sociedade e Estado*, v. 31, n. 1, jan.-abr. 2016, p. 25-49. Disponível em: https://www.scielo.br/j/se/a/xpNFtGdzw4F3dpF6yZVVGgt/?lang=pt. Acesso em: 3 maio 2023.

HAMILTON, Charles V.; TURE, Kwame. *Black power*: the politics of liberation in America. Nova York: Vintage Books, 1992 (1967). [Ed. bras.: *Black power*: a política de libertação nos Estados Unidos. Tradução de Arivaldo Santos de Souza. São Paulo: Jandaíra, 2021.]

MAMIGONIAN, Beatriz. "A liberdade no Brasil oitocentista". Afro-Ásia, Salvador, n. 48, 2013, p. 395-405. Disponível em: https://periodicos.ufba.br/index.php/afroasia/article/view/21304/13885. Acesso em: 21 ago. 2023.

MOORE, Carlos. "Um negro em eterno exílio". [Entrevista a Eliane Brum.] El País [online], 31 ago. 2015. Disponível em: https://brasil.elpais.com/brasil/2015/08/31/opinion/1441035388_761260.html. Acesso em: 2 maio 2023.

MOREIRA, Adilson. "Pensando como um negro". *Revista de Direito Brasileira*, São Paulo, v. 18. n. 7, set.-dez. 2017, p. 393-421. Disponível em: https://www.indexlaw.org/index.php/rdb/article/view/3182. Acesso em: 9 ago. 2023.

MUNANGA, Kabengele. *Rediscutindo a mestiçagem no Brasil*: identidade nacional versus identidade negra. Belo Horizonte: Autêntica, 2004.

______. "Educação cidadã é primordial para enfrentar racismo, diz Kabengele Munanga". [Entrevista a Priscila Camazano.] *Folha de S.Paulo*, 26 fev. 2023. Disponível em: https://www1.folha.uol.com.br/poder/2023/02/educacao-cidada-e-primordial-para-enfrentar-racismo-diz-kabengele-munanga.shtml. Acesso em: 1º maio 2023.

NASCIMENTO, Abdias. *O genocídio do negro brasileiro*: processo de um racismo mascarado. São Paulo: Perspectiva, 2016.

NINA RODRIGUES, Raimundo. *As raças humanas e a responsabilidade penal no Brasil*. Salvador: Progresso, 1957.

NOGUEIRA, Oracy. "Preconceito racial de marca e preconceito racial de origem. Sugestão de um quadro de referência para a interpretação do material sobre relações raciais no Brasil". *Tempo Social*, São Paulo, v. 19, n. 1, nov. 2006, p. 287-308. Disponível em: https://www.scielo.br/j/ts/a/MyPMV9Qph3VrbSNDGvW9PKc/?lang=pt. Acesso em: 8 ago. 2023.

PRUDENTE, Eunice. *Preconceito racial e igualdade jurídica no Brasil*. Dissertação (Mestrado em Direito) — Universidade de São Paulo, 1980.

SILVA, Silvio. *Combate ao racismo*. Brasília: Fundação Alexandre de Gusmão, 2007. Disponível em: http://funag.gov.br/loja/download/449-Combate_ao_Racismo.pdf. Acesso em: 2 maio 2023.

SINHORETTO, J. et al. "Policiamento e relações raciais: estudo comparado sobre formas contemporâneas de controle do crime". Universidade Federal de São Carlos, 2020. Disponível em: http://www.gevac.ufscar.br/wp-content/uploads/2020/09/policiamento-ostensivo-rel-raciais-2020.pdf. Acesso em: 2 maio 2023.

STEPAN, Nancy. *A hora da eugenia*: raça, gênero e nação na América Latina. Rio de Janeiro: Fiocruz, 2014.

VARGAS, João. "Por uma mudança de paradigma: antinegritude e antagonismo estrutural". In: FLAUZINA, Ana; VARGAS, João (orgs.). *Motim*: horizontes do genocídio antinegro na diáspora. Brasília: Brado Negro, 2017, p. 91-105.

6. Racismo na saúde: tecnologia de controle sobre corpos racializados e genocídio da população negra

Rita Helena do Espírito Santo Borret, Denize Ornelas Pereira Salvador de Oliveira e Roseane Maria Corrêa

Aqui nos debruçamos em uma análise de como a escravização de pessoas sequestradas do continente africano, a falsa abolição da escravatura e a subsequente marginalização social originaram a sociedade brasileira, em que pessoas negras são submetidas a níveis insuportáveis de violação de direitos, e enfocamos especialmente o racismo na área da saúde, que acontece desde a assistência pré-natal, passando pelo nascimento e indo até o puerpério, o que não afeta unicamente mulheres negras, mas todas as pessoas que ganham vida por meio delas (Lopes, 2005; Werneck, 2016).

Silvio Almeida (2019, p. 32) conceitua racismo como "uma forma sistemática de discriminação que tem a raça como fundamento e se manifesta por meio de práticas conscientes ou inconscientes que culminam em desvantagens ou privilégios para indivíduos, a depender do grupo racial ao qual pertençam".

Ressaltamos que, no contexto do colonialismo, o racismo é concebido como instrumento ideológico que autoriza a violência como política e práxis de extermínio daqueles considerados sub-humanos e incivilizados. Funciona como um decodificador, que hierarquiza de forma automática, pelas características fenotípicas, como a cor da pele, grupos racialmente produzidos, ao mesmo tempo que produz "os outros" como povos destituídos de civilidade e humanidade; o racismo constrói a ideia de superioridade e civilidade branca europeia (Mbembe, 2018).

Desde o colonialismo até a colonialidade atual, a violência é autorizada como tecnologia de poder que subjuga os "povos racializados" à morte ou a experiências de morte em vida, como é possível observar na escravização de pessoas sequestradas do continente africano ou no extermínio de povos nativos indígenas no Brasil (Mbembe, 2018; Quijano, 2005).

Consideramos necessário explicitar o conceito de raça usado neste texto e pelos autores com quem dialogamos. Raça não se refere a diferenças biológicas, evolutivas ou genéticas entre seres humanos, mas à construção social e ideológica que hierarquiza pessoas pelas características fenotípicas e por seus pertencimentos territoriais e culturais.

> Raça não existe enquanto fato natural físico, antropológico ou genético. A raça não passa de uma ficção útil, de uma construção fantasista ou de uma projeção ideológica cuja função é desviar a atenção de conflitos antigamente entendidos como mais verossímeis. (Mbembe, 2014, p. 26-7)

A ficção racial construída na Europa Ocidental, ao produzir os sujeitos racializados como inferiores e selvagens, produz também a raça branca como aquela que será compreendida como norma, como o padrão, que inclusive não prescinde de nomeação racial (Almeida, 2019). Como produto da hierarquização social baseada na raça, "os outros", que serão objetificados e desumanizados, terão fenótipos, cosmologias e epistemes atrelados à condição de inferioridade.

Com a secularização como forma de compreender e explicar o mundo, no Iluminismo da Europa Ocidental, a raça branca passa a se debruçar sobre o estudo de si. Porém, ao tomar o humano como objeto de estudo, universaliza o "ser humano branco" (e homem) como o "sujeito universal" e inaugura o racismo científico, sendo ele uma falsa justificativa que contou com apoio irrestrito de teólogos, de cientistas e do Estado.

O racismo como ficção fantasmagórica tem sido fundamental para o capitalismo global, tal como é conhecido (Cardoso, 2020). O genocídio e a escravização de povos da América, África, Ásia e Oceania não podem ser considerados sem o racismo como base ideológica. Assim, não há como pensar a modernidade sem acessar a espinha dorsal do colonialismo e da colonialidade: o racismo (Mignolo, 2017).

Para entender o racismo brasileiro, é necessário revisitar a nossa construção sócio-histórica. No sistema econômico colonial pré-capitalista, a escravização era essencial para o sistema de *plantation* vigente no país. As pessoas escravizadas eram e produziam mercadorias para uma pequena elite colonial detentora dos meios de produção e de todo o lucro gerado. Corpos mercantilizados que, por legitimação do Estado, eram vendidos, alugados, trocados e emprestados como ativo econômico, conforme a necessidade dos sistemas de *plantation* (Cardoso, 2020).

Esse bárbaro desastre da humanidade impactava tanto as terras colonizadas quanto os locais de sequestro na África. Não era apenas a mercantilização de produtividade, mas o uso de toda a vitalidade possível, intencionando-se um súbito impedimento de qualquer investimento que a juventude africana pudesse contribuir para a sua comunidade. Foi um estratégico encerramento de possibilidades.

A banalização da violência, usada como instrumento de reafirmação de poder e como forma de garantir enquadramento, submissão e medo das pessoas escravizadas; a violação sexual do corpo de mulheres negras; o descarte ou a venda de crianças negras conforme interesse econômico; a forma de transportar e descartar corpos negros do continente africano até o Brasil; e as inúmeras tentativas organizadas de romper com o sistema escravista são alguns dos aspectos que a história brasileira, narrada por uma hegemonia branca, não conta — ou pior, conta de maneira romantizada e inverossímil, tentando dar contornos de complacência ao sistema mais cruel e violento da história da humanidade.

Para Césaire (2020), a dissimulação dos colonizadores é a principal estratégia colonial. Eles difundem o discurso moral e cristão e a missão de salvar os selvagens. Mas foram eles que torturaram os não europeus com ódio racial. Destruíram admiráveis civilizações indígenas e violentaram mulheres, crianças e idosos em toda a África.

É na passagem do regime escravista, entre os séculos XIX e XX — período em que o Brasil faz sua transição política, na condição de economia capitalista dependente no plano global para a consolidação do país como República (Moura, 1988) —, que a população negra escravizada será supostamente liberta, reconhecida como cidadã e incorporada à sociedade brasileira (Moura, 1977).

Nesse período, por meio do racismo científico, justificava-se cientificamente a manutenção da hierarquização, da subordinação e da marginalização racial — questões essenciais para o sistema econômico capitalista, que ganhava força no Brasil. Vale lembrar que a saúde e a medicina foram importantes instrumentos de afirmação e consolidação das ideologias racistas e eugenistas (Gonzalez, 2018).

O racismo científico proporcionou no país as políticas de branqueamento populacional e a construção da ideia de uma suposta democracia racial. Ser branco era considerado a condição humana normativa, enquanto o fato de o negro ser entendido como inferior requeria explicação científica. Assim, o negro foi tratado como um ser degradado, acometido por alguma doença ou um violador de normas (Fernandes, 1972).

Com o advento da Revolução Industrial, devido à necessidade de modernizar a sociedade brasileira para se adaptar ao novo modelo político e econômico, a dinâmica de *plantation* tornava-se cada vez mais obsoleta, sendo desinteressante para a nova elite burguesa manter o escravismo. Em paralelo, era preciso desarticular os movimentos abolicionistas, liderados por personalidades nacionais que nossa história insiste em silenciar. Luís Gama, por exemplo, criou o princípio jurídico de que o escravizado que mata o escravista está agindo em legítima defesa, portanto, não é criminoso.

Armada da compreensão de que pessoas negras eram inferiores, a sociedade brasileira precisava enfrentar outra questão para se modernizar: o grande contingente populacional de negros, que dificultava o processo de modernização do país. Tornou-se urgente embranquecer a população brasileira. As teses de Gobineau, Nina Rodrigues e Oliveira Viana contribuíram teórica e ideologicamente para a construção de políticas de branqueamento da sociedade brasileira, que consistia em investir na imigração europeia, incentivar a miscigenação e abandonar e marginalizar as pessoas negras (Moura, 1988).

Em 1890, já no Brasil República, o Decreto Federal n. 528, assinado pelo então presidente Deodoro da Fonseca, abre os portos brasileiros para imigrantes de todo o mundo, exceto indígenas, africanos e asiáticos (Brasil, 1890). O decreto é um marco da política de branqueamento nacional (Maia e Zamora, 2018). Mantendo a trajetória, Getúlio Vargas assina o Decreto-Lei n. 7.967, de 18 de setembro de 1945, que dispõe sobre a imigração e colonização, e dá outras providências, como determina o seu art. 2º: "Atender-se-á, na admissão dos imigrantes, à necessidade de preservar e desenvolver, na composição étnica da população, as características mais convenientes da sua ascendência europeia, assim como a defesa do trabalhador nacional" (Brasil, 1945).

A política de branqueamento populacional foi extremamente bem-sucedida na Argentina e no Uruguai. Mas, no Brasil, o elevado contingente percentual de população negra e suas ferramentas de sobrevivência e resistência inviabilizaram o sucesso da tentativa de embranquecer seus corpos. Mesmo sendo deixados para morrer de fome e de doenças, sem assistência ou reparação pelos danos causados pelo escravismo, não foi possível exterminar a população negra.

Porém, a identidade, a maneira como o próprio grupo se define, tem sofrido com o embranquecimento. Ser negro na sociedade brasileira é ser negro em uma sociedade que se anuncia como branca. Lélia Gonzalez afirma que "a gente nasce preta, mulata, parda, marrom, roxinha dentre outras, mas tornar-se negra é uma conquista" (Gonzalez, 2018. p. 365). Gonzalez chama atenção para o esforço que a sociedade brasileira faz para negar sua identidade *ladinoamefricana*, produzindo um racismo por denegação, no qual passa a reivindicar-se como uma democracia racial enquanto é ativamente racista com os povos racializados como inferiores (Gonzalez, 2018).

Na década de 1930, difundiu-se a ideologia de que o Brasil era um país racialmente democrático. Divulgava-se que a escravidão era uma instituição benigna, humanista, ocultando a violência e a crueldade. O abuso sexual das mulheres negras foi utilizado com o objetivo de argumentar em favor de uma harmonia racial que teria como confirmação a suposta interação sexual saudável. Foi construído um discurso que romantiza a escravização negra e o extermínio indígena, ao propor que a sociedade e a cultura brasileira sejam fruto de um grande encontro de culturas.

Por esse discurso, a intenção era não somente apagar todo um passado de objetificação e sub-humanidade, como também inferir que a condição negra e indígena de marginalização e dificuldade em se integrar eram apenas por demérito, assim como a posição privilegiada de pessoas brancas no país nada tinha a ver com os privilégios produzidos pela racialização, e sim com a meritocracia (Sales Jr., 2006).

A experiência de ser negro no Brasil inclui uma discriminação que é para todos, sem exceção; contudo, a intensidade pode variar mediante maior ou menor marcas fenotípicas indisfarçáveis. Entender que o racismo é produzido contextualmente é essencial para pensar maneiras de combatê-lo. Assim, as políticas antirracistas estadunidenses, por exemplo, podem não ser aplicáveis no contexto brasileiro devido às suas especificidades históricas e culturais.

Ao permear as dinâmicas políticas, econômicas e jurídicas da sociedade, o racismo se torna uma ideologia e uma cultura nacional, que vai se inserir nas instituições, nas relações interpessoais e nos processos de construção de subjetividade, tendo variações e atualizações de uma mesma política de extermínio de corpos, saberes e vivências de povos racializados como sub-humanos neste país (Mbembe, 2018; Moura, 1988).

Gilberto Freyre é considerado um dos pais da ideia de democracia racial brasileira. O autor constrói o termo "morenidade" como um eufemismo étnico-racial capaz de negar a negritude em uma tentativa de clareamento não só da pele, como também da cultura brasileira (Freyre, 2005). O autor defendia a raça brasileira como uma metarraça que negaria tanto a brancura europeia como a negrura africana. No entanto, seu esforço discursivo nada mais era que o de reforçar o ideal de branqueamento (Freyre, 2013).

A imagem brasileira produzida do mito da democracia racial tem como ícone a imagem da morena/mulata de pele clara e traços "finos" europeus, reforçando um padrão estético embranquecido (Gonzalez, 1984). Na construção da suposta metarraça brasileira, apesar de uma imaginada igualdade, as contribuições negras e indígenas são sempre postas em um lugar de subalternidade. A ideia de que o brasileiro é fruto da servidão negra, da preguiça indígena e da inteligência e do autoritarismo português foi atualizada em 2018, quando o candidato à vice-presidência da república, Hamilton Mourão, afirmava que "o caldo cultural brasileiro herdou a indolência do índio e a malandragem do negro" (Albuquerque, 2018).

Lélia Gonzalez (2018) analisa o papel das mulheres negras em nossa sociedade ao afirmar que o racismo *à brasileira* produz e naturaliza a divisão étnico-racial dos espaços, a divisão sexual e étnico-racial do trabalho.

Para Kabengele Munanga, o racismo brasileiro pode ser considerado um crime perfeito, como disse em entrevista em 2017:

> É como um carrasco que você não vê te matando, está com um capuz; você pergunta pelo racista e você não encontra, ninguém se assume, mas o racismo

> e a discriminação existem. Esse racismo matava duas vezes, mesmo fisicamente, a exclusão e tudo, e matava a consciência da própria vítima. A consciência de toda a sociedade brasileira em torno da questão, o silêncio, o não dito... Nesse sentido, era um crime perfeito, porque não deixava nem a formação de consciência da própria vítima, nem a do resto da população pelo chamado mito da democracia racial. (Munanga, 2017, p. 40)

A reflexão de Munanga sobre o racismo brasileiro pelo mito da democracia racial dialoga diretamente com o conceito de violência estrutural proposto por Galtung em 1969. Ao diferenciar a violência pessoal da estrutural, o autor propõe que, enquanto a primeira é mais visível, a violência estrutural costuma ser mais silenciosa e pode parecer tão natural quanto o ar que respiramos, tornando-a mais difícil de ser percebida. Segundo o autor, "o objeto da violência pessoal percebe usualmente a violência, e pode queixar-se; porém o objeto da violência estrutural pode ser persuadido para que ela não seja vista em absoluto" (Galtung, 1969). No contexto do racismo brasileiro, tanto o sujeito da violência não se percebe violado, como as ferramentas de perpetuação, sejam elas culturais, ideológicas, institucionais ou pessoais, não se percebem (ou fingem não se perceber) violentas.

O racismo e a instituição de saúde

As instituições ligadas à saúde são reconhecidas em seu papel histórico como importantes na produção do racismo científico, de controle e hierarquização de corpos racializados. A saúde moderna/colonial ocidental, tal como se conhece, utiliza-se de uma suposta neutralidade e objetividade científica para produzir colonialidade de conhecimento (ao inferiorizar outras práticas epistêmicas de cuidado), controle de comportamentos e subjetivação (Donnangelo e Pereira, 2011).

O racismo produz experiências desiguais de vida, morte, socialização e adoecimento, tal como apresenta em dados a pesquisadora Fernanda Lopes (2005). A universalização da experiência de viver, adoecer e morrer da sociedade brasileira, produzida pelo mito da democracia racial, escamoteia a marginalização negra e indígena e os privilégios da branquitude em uma estrutura social profundamente injusta e violenta, que estimula a reprodução do racismo nas práticas de saúde e cuidado.

Silvio Almeida ressalta que "as instituições são apenas a materialização de uma estrutura social ou de um modo de socialização que tem o racismo como um de seus componentes orgânicos. Dito de modo mais direto: as instituições são racistas porque a sociedade é racista" (Almeida, 2019, p. 47).

A Organização Mundial de Saúde (OMS) compreende violência como "[...] o uso de força física ou poder, em ameaça ou na prática, contra si próprio, outra pessoa ou contra um grupo ou comunidade que resulte ou possa resultar em sofrimento, morte, dano psicológico, desenvolvimento prejudicado ou privação" (OMS apud Dahlberg e Krug, 2006, p. 1165).

Por esse conceito e pelo conhecimento da construção sócio-histórica da sociedade brasileira, torna-se inegável o racismo como prática de violência que afeta diretamente o processo de saúde-adoecimento e de cuidado da população negra e indígena brasileira. Porém, trazer o racismo para a centralidade do debate no campo da saúde e da produção de cuidado é um grande desafio. Em artigo de revisão recentemente publicado por Gomes, Deslandes e Moreira (2020) averiguou-se que, examinando artigos científicos qualitativos publicados na revista *Ciência & Saúde Coletiva* desde sua fundação, não há o resultado de nenhum artigo publicado sobre a temática étnico-racial.

O Sistema Único de Saúde (SUS) brasileiro tem como princípios doutrinários a universalização de acesso, a integralidade e a equidade; surgiu em meio a lutas sociais pelo direito universal à saúde e, desde sua fundação, falha em reconhecer o racismo como produtor de adoecimento e em produzir políticas de saúde capazes de promover equidade racial. Um marco na saúde no país foi a aprovação do texto da Política Nacional de Saúde Integral da População Negra (PNSIPN) em 2006, quando, pela primeira vez na história, o Ministério da Saúde admite a existência de racismo no sistema de saúde brasileiro (Brasil, 2009).

Fruto de intensa articulação de movimentos sociais negros, a PNSIPN foi lançada em 2009 e, finalmente, denuncia a instituição de saúde como espaço de produção e reprodução de racismo. Essa política mostra em dados como a população negra (que é a maioria da população brasileira e de usuários do SUS), embora esteja em condição social de maior vulnerabilidade, tem menos acesso ao sistema de saúde e recebe cuidado em saúde inferior, na contramão do princípio de equidade. A falha do SUS em acessar e abordar a temática étnico-racial só é possível de ser compreendida quando entendemos a democracia racial como ideologia e o racismo como estruturante na sociedade.

É importante e necessário ressaltar aqui que a PNSIPN consegue fazer essa denúncia baseada em números principalmente porque, a partir de 1996, o quesito raça/cor passa a figurar nas fichas de notificação de agravos em saúde de maneira mais sistemática, possibilitando a desagregação por raça/cor dos dados produzidos; no entanto, mais de 15 anos depois de sua elaboração, o adequado preenchimento do quesito raça/cor por profissionais de saúde e a produção de dados e análises encontram barreiras de implantação decorrentes da ideologia que informa que raça/cor não são relevantes, pois o racismo não existe no contexto social brasileiro (De Souza et al., 2021)

Segundo Batista, Escuder e Pereira (2004), existe uma morte negra que nada tem a ver com doença; é, com efeito, fruto de infortúnio no parto, de transtorno mental, de doenças preveníveis e de violência: são as mortes mal definidas, a morte desgraçada. Já a morte branca, segundo o autor, é a morte apenas pela doença, é a morte morrida.

No campo da saúde pública e da saúde coletiva brasileiras, é recorrente a valorização de classe como determinante social em saúde estrutural para o processo de saúde e de adoecimento e para o acesso ao cuidado em saúde. A excessiva valorização de classe como matriz de opressão em detrimento de outros determinantes sociais em saúde falha em reconhecer que, no contexto brasileiro, a hierarquização étnico-racial é anterior e estruturante para a construção da ideia de classe, além de o corpo negro ser construído como o inimigo ficcional da nação, o bandido, o "mau elemento" que precisa ser exterminado (Moura, 1988).

A relação entre os marcadores raça, classe e gênero já havia sido discutida, no Brasil, por Lélia Gonzalez em 1984, em seu artigo "Racismo e sexismo na cultura brasileira". Sobre essa mesma temática, Angela Davis (2011, n.p.) argumenta que

> é preciso compreender que classe informa a raça. Mas raça, também, informa a classe. E gênero informa a classe. Raça é a maneira como a classe é vivida. Precisamos refletir bastante para perceber as intersecções entre raça, classe e gênero, de forma a perceber que entre essas categorias existem relações que são

mútuas e outras que são cruzadas. Ninguém pode assumir a primazia de uma categoria sobre as outras.

As matrizes de opressão de classe social, de raça e de gênero, que condicionam mulheres à subordinação patriarcal e impõem como norma a cis-heteronormatividade, são essenciais para que nós sejamos capazes de compreender as distintas experiências de vida e de produzir cuidado em saúde de maneira efetivamente integral e equânime.

Consoante a isso, torna-se também fundamental a análise de dados e a produção de políticas públicas de saúde e práticas de cuidado por uma perspectiva interseccional, para que, dessa forma, se seja capaz de compreender as inter-relações de gênero, raça e classe, e como essas matrizes de opressão interagem no processo de saúde e adoecimento da população negra e indígena brasileira (Crenshaw, 1989).

Ponderações e apontamentos

Nos últimos 20 anos, cada vez mais, os noticiários têm parecido se escandalizar com pesquisas que denunciam as iniquidades etnorraciais antes invisibilizadas nos mais diversos setores: o genocídio dos jovens negros — que corresponde a mais de 75% dos jovens assassinados pelo Estado brasileiro —; o crescente aumento do número de casos de crianças negras assassinadas por agentes do Estado; o aumento de casos de violência contra mulheres negras em comparação com a redução de casos de violência contra mulheres brancas; e o elevado percentual de mulheres negras nos números de violência obstétrica, de morte resultante de abortamento inseguro ou de complicações na gravidez e no parto (Fórum Brasileiro de Segurança Pública, 2020).

Ademais, dados que mostram que um jovem negro tem 45% mais chances de cometer suicídio do que jovens brancos, o fato de que mais de 80% das pessoas transexuais e travestis assassinadas no Brasil são negras, ou, mais recentemente, a disparidade de mortalidade por covid-19 entre pessoas negras e não negras (Oliveira et al., 2020; Brasil, 2018).

De posse desses dados, perguntamos: Por que não houve ainda uma radical transformação no discurso e nas práticas de cuidado em saúde no Brasil?

Por que não estamos ainda direcionando todos os esforços para compreender esse panorama e pensar meios de modificá-lo? Afinal, como nos diz Silvio de Almeida (2019, p. 51-2): "Entender que o racismo é estrutural, e não um ato isolado de um indivíduo ou de um grupo, nos torna ainda mais responsáveis pelo combate ao racismo e aos racistas".

Para uma sociedade e, por conseguinte, para que instituições de saúde sejam racialmente equânimes, é fundamental romper com o mito da democracia racial. Essa frase, aparentemente simples, na verdade sugere uma série de rompimentos históricos que resultem em transformações urgentes; envolve revisitar toda a narrativa de construção histórica brasileira tal como é apresentada; envolve o entendimento de que a cultura brasileira é construída sobre alicerces de estereotipação das populações negras e indígenas e, ainda, sobre o apagamento de conhecimentos e organizações sociais e culturais indígenas e negras.

Para pensar e produzir uma sociedade racialmente equânime, é central que a população brasileira branca faça o exercício de se racializar como branca, de compreender os privilégios provenientes da branquitude numa sociedade racialmente hierárquica, e esteja disposta a renunciar aos privilégios para corrigir distorções — e isso inclui a imensa maioria de profissionais de saúde que alcançaram o ensino superior.

Um passo inicial seria uma adaptação dos passos do letramento racial na saúde proposto por France Winddance Twine (2004) e que sugerimos como caminho para a ruptura com o mito da democracia racial, sendo eles: 1) o reconhecimento da branquitude e dos privilégios que ela confere à população branca; 2) o entendimento de que o racismo é um problema atual e não uma parte da história do país que já foi superada; 3) a compreensão da categorização racial como uma construção social que é aprendida, ensinada, naturalizada e reproduzida; 4) a necessidade de tomar posse de um vocabulário racial, utilizando as palavras "negro" e "preto" quando couber e evitando usá-las em expressões pejorativas como "a coisa tá preta"; 5) a capacidade de interpretar códigos e práticas de maneira racializada, evitando camuflar situações de racismo por meio do uso de eufemismos como "foi brincadeira" ou "um mal-entendido".

Acessar o racismo que está internalizado, enraizado em nossas construções subjetivas, e ativamente fazer letramento racial são maneiras de avançar para uma sociedade e instituir bases para produzir cuidado em saúde antirracista (Gomes, Deslandes e Moreira, 2020).

Por último, mas não menos importante ou desafiador, compreendemos que, para uma produção de saúde e um cuidado racialmente equânime, é urgente compreender que não é possível universalizar experiências de saúde e adoecimento e, mais do que isso, é preciso acessar a experiência de construção de subjetividade e, por conseguinte, de saúde e adoecimento a partir da perspectiva de pessoas negras. É necessário acessar os impactos de temer ser encarcerado ou assassinado, de ser preterido nos espaços e de ter oportunidades negadas pela aparência fenotípica; de temer ter a maternidade interrompida, seja no próprio parto, seja por mais um assassinato de criança ou jovem negro; ou de ser lido socialmente como objeto que pode ser usado ou como figura a ser evitada.

Violência e racismo obstétrico: uma breve análise sobre práticas genocidas desde antes de nascer

Um dos casos mais emblemáticos de violência obstétrica no Brasil é o caso de Alyne Pimentel, que ganhou notoriedade ao ser extensivamente denunciado por um relatório produzido pelo Fundo de População das Nações Unidas (UNFPA) e julgado pelo Comitê das Nações Unidas para Eliminação das Discriminações contra as Mulheres (Cedaw) em sua 49ª seção, em julho de 2011 (Organização das Nações Unidas, 2011).

Alyne Pimentel era uma mulher jovem, negra, e estava grávida de seu segundo filho quando perdeu a vida em decorrência de complicações durante o parto, em 2002. Segundo o relatório da Comissão Interamericana de Direitos Humanos (CIDH), Alyne sequer recebeu informações claras sobre seu estado de saúde e não teve acesso aos cuidados necessários para garantir sua segurança na gestação (Organização das Nações Unidas, 2011).

Além de não terem tido atendimentos adequados frente a um quadro de dores e sangramentos, Alyne e seu bebê faleceram sem direito ao acompanhamento familiar. O relatório da investigação CIDH concluiu que ela havia sofrido "discriminação racial e de gênero" e que o atendimento que recebeu foi "deficiente, negligente e desumano" (Organização das Nações Unidas, 2011).

Infelizmente, a situação de Alyne Pimentel não foi um caso isolado no Brasil. Dados quantitativos apontam que a assistência ao parto é passível de intervenções para "prevenção e eliminação de abusos, desrespeito e maus-tratos" que incluem práticas de profissionais de saúde inadequadas, somadas ao abuso verbal e físico, coerção, negligência e discriminação. A Organização Mundial de Saúde declara que "esse tratamento não apenas viola os direitos das mulheres ao cuidado respeitoso, mas também ameaça o direito à vida, à saúde, à integridade física e à não discriminação" (Organização Mundial de Saúde, 2014).

Segundo o estudo "Desigualdades sociodemográficas e na assistência à maternidade entre puérperas no Sudeste do Brasil segundo cor da pele", realizado com dados do Inquérito Nacional Nascer no Brasil entre 2011-2012, mulheres negras têm uma probabilidade 60% maior de sofrer violência obstétrica em relação a mulheres brancas (Diniz et al., 2016).

Dados do mesmo estudo apontam que mulheres negras recebem menos cuidado pré-natal adequado: menor número de consultas, menos ultrassonografias e exames pré-natais, maior paridade e mais síndromes hipertensivas. Mulheres pretas e pardas tiveram menos acesso a informações sobre o parto, menos presença de acompanhantes, maior frequência de complicações obstétricas, e a assistência obstétrica prestada a elas é de menor qualidade em relação a mulheres brancas, sendo essas desigualdades resultado de uma combinação de fatores, incluindo o racismo institucional, a discriminação racial e de gênero, a falta de acesso a serviços de saúde de qualidade e práticas inadequadas de assistência (Diniz et al., 2016).

Movimentos de denúncia desses cenários de violências foram sendo construídos e liderados por mulheres, incluindo mulheres negras no Brasil (Santos, 2020), em organizações não governamentais, universidades e agências governamentais, veiculando e referenciando em publicações científicas o termo "violência obstétrica", também utilizado na América Latina (Pérez D'Gregorio, 2010) para documentar os abusos praticados por profissionais da saúde contra mulheres e seus filhos e unificando as diferentes nuances de práticas violentas cometidas na assistência a gravidez, aborto e puerpério, reconhecendo que envolvem componentes socioculturais, institucionais e econômicos (Diniz et al., 2015).

Pesquisadoras negras, como Dána-Ain Davis (2018, p. 2), consideram que "a violência obstétrica seja uma ferramenta analítica potente para compreender como o abuso é experimentado a qualquer tempo durante os processos de assistência à saúde materna". A expressão é insuficiente para esmiuçar o fenômeno e as diferenças entre as violências cometidas contra as mulheres negras, pois o termo "não leva em conta de maneira adequada os contornos do racismo que se materializam nos encontros médicos das mulheres negras" (Davis, 2018, p. 2).

No artigo "Racismo obstétrico: a política racial da gravidez, do parto e do nascimento", Dána-Ain Davis propôs utilizar a definição de que "o racismo obstétrico tem lugar na intersecção entre a violência obstétrica e o racismo médico" e afirma que

> o racismo obstétrico constitui uma ameaça a desfechos positivos para pacientes obstétricas, uma vez que o racismo médico ocorre quando a raça do paciente influencia as percepções do médico, bem como o tratamento e/ou as decisões relativas ao diagnóstico, colocando o paciente em risco. (Davis, 2018, p. 2)

Com base em narrativas de vivências de mulheres negras, Dána-Ain Davis (2018, p. 2-3) evidencia que o

> racismo médico está entremeado à narrativa histórica sobre reprodução e práticas ginecológicas e obstétricas na qual os corpos das mulheres negras foram avaliados como "supercorpos médicos" (Cooper Owens, 2017, p. 77). Um "supercorpo" é valioso para o trabalho e a experimentação — como os experimentos ginecológicos para estudar a fístula vesicovaginal —, mas a mulher em si não é digna de ser tratada com humanidade.

No Brasil, chamam atenção particularmente os dados de violência obstétrica sofrida por mulheres negras em relação à oferta de analgesia: mesmo após controle para variáveis sociodemográficas, os dados indicam um menor uso de analgesia nas mulheres pretas, e alguns estudos também evidenciaram uma menor oferta de procedimentos anestésicos no parto vaginal para mulheres pretas e pardas, com menores proporções ainda para as de menor escolaridade (Leal et al. 2017).

Eliza Williamson (2021) baseou-se em pesquisas etnográficas, realizadas no Brasil entre 2012-2017 com mulheres negras, visando vivenciar o racismo antinegro na assistência obstétrica. Nesse estudo, ela dialoga com o conceito de racismo obstétrico de Dána-Ain Davis (2018) e propõe que a iatrogenia do racismo obstétrico no Brasil vai além do corpo e da clínica e argumenta que o racismo obstétrico é um produto do sistema de saúde brasileiro, que historicamente reproduz desigualdades etnorraciais e sociais atravessando a assistência obstétrica como uma forma de demarcar o controle sobre os corpos negros — corpos de mulheres e bebês que vão carregar as marcas, literais e figurativas, de "muita ou pouca" intervenção médica (Williamson, 2021).

Nós, autoras deste capítulo, temos trabalhado diretamente na assistência e no ensino, na graduação em Medicina e na pós-graduação em Medicina de Família e Comunidade, e consideramos que, para ampliar e entender as origens dessa demarcação de controle sobre os corpos — e vidas — das mulheres negras, é fundamental resgatar uma feminista negra, que, assim como a nós, inspirou outras, mas que permanece invisibilizada e pouco citada neste debate, apesar de ter sido pioneira ao repensar e delinear os papéis da mulher negra na sociedade brasileira.

Para isso, trazemos Lélia Gonzalez (1984) em seu clássico artigo "Racismo e sexismo na cultura brasileira", que resgata a mucama do período escravista para nos mostrar que a empregada doméstica e a mulata hipersexualizada do carnaval brasileiro são os desdobramentos da presença autorizada da mucama na vida dos brasileiros brancos. Para a autora, a empregada doméstica representa a mulher negra completamente destituída de subjetividade, abnegada, dócil e bem controlada, a serviço da branquidade — doméstica, babá, auxiliar de limpeza, mulheres profissionais de saúde (em especial da enfermagem) são rotineiramente empurradas para esse estereótipo de representatividade.

E quando interessa à sociedade brasileira que a mulher negra exerça a maternidade? Gonzalez (1984) lembra do papel autorizado da mucama na sociedade brasileira escravista. A função da mucama se desdobra nas amas de leite, mulheres escravizadas responsáveis por cuidar e amamentar crianças brancas, filhas de escravistas. Às mulheres negras escravizadas era negada a possibilidade de cuidar de seus próprios filhos para exercer o cuidado dos filhos dos e das escravistas. No Brasil dos séculos XX e XXI, as negras mucamas e/ou amas de leite foram substituídas pelas babás, mulheres negras que atuam maternando os filhos de seus patrões, enquanto, por vezes, precisam renunciar ao cuidado de seus próprios filhos para garantir o sustento familiar.

Perversamente, são essas mesmas mulheres negras que recebem da sociedade branca brasileira a responsabilização pelo aumento da criminalidade no país, uma vez que são consideradas culpadas por uma educação deficitária para suas crianças negras. A maternidade negra é, na sociedade brasileira, desencorajada, estereotipada e, por vezes, criminalizada. Se não for com o objetivo de maternar os filhos da branquidade, a experiência de maternar de mulheres negras não é validada ou autorizada; por isso, entendemos que o racismo obstétrico vigente no Brasil é apenas uma forma de reforçar tal negativa, assim como o é o genocídio da infância e da juventude negra e a criminalização do aborto.

Por outro lado, quando aborda a mulata do carnaval, Lélia resgata o complexo de Édipo de Freud/Lacan para nos lembrar que a mãe — mulher negra na condição de ama de leite, empregada doméstica, babá — é aquela que vai despertar nas crianças do gênero masculino o desejo sexual. Lélia usa o complexo de Édipo para nos contar sobre a hipersexualização de mulheres negras, desde a naturalização do uso de nosso corpo para satisfação sexual de escravistas até a atualidade, quando produzimos a figura da mulata de carnaval, transformando a mulher negra que cotidianamente é destituída de humanidade em um produto de orgulho e exportação nacional. No carnaval, a supremacia branca se permite vivenciar o desejo sexual reprimido e idolatrar a mulher negra, oferecendo a nós, por um período de cinco dias, migalhas de humanidade que logo serão, na chegada da Quarta-Feira de Cinzas, removidas novamente (Gonzalez, 1984).

Estudos com relatos de mulheres negras como os produzidos por profissionais de saúde e pesquisadoras negras — como os de Silva e Bidu (2020); Cardoso e Cockell (2019); e Lima, Pimentel e Lyra (2021) — evidenciam a necessidade de que avancemos em dispositivos de cuidado racializado, sendo o primeiro passo nomear e conceituar essa violência sob uma ótica interseccional que reconheça que o racismo atravessa as experiências de mulheres negras ao engravidar, parir, receber cuidados e criar os filhos no sistema de saúde.

Fernanda Lopes amplia os horizontes desse debate em relação à necessidade de garantir os direitos humanos para mulheres negras no ensaio "Justiça reprodutiva: um caminho para justiça social e equidade racial e de gênero" (2022). Ela evoca o conceito de justiça reprodutiva na forma como é abordado por Loreta Ross (2017) em "Reproductive Justice as intersectional feminist activism" [Justiça reprodutiva como ativismo feminista interseccional], em que conta a história do conceito cunhado pelos movimentos de mulheres negras em 1994 e o posiciona como uma

> expansão da teoria da interseccionalidade aliada à prática de autocuidado, do movimento de mulheres negras, e ao movimento por saúde e direitos reprodutivos e, ao mesmo tempo, uma estratégia de operacionalização dos direitos humanos sociais, econômicos e culturais. (Lopes, 2022, p. 224)

Em sua obra, Lopes demonstra que cada momento da vida sexual e reprodutiva das mulheres negras é atravessado pelo racismo: nas barreiras de acesso ao planejamento reprodutivo e às tecnologias de contracepção; na criminalização do aborto; e até mesmo na relação das políticas de guerra às drogas, que têm importante impacto nas trajetórias reprodutivas, uma vez que são as "mulheres pobres, as negras, as negras e pobres dependentes químicas, a causa de males sociais", as afetadas pelas vivências da gravidez e no cárcere ou nas ruas.

Fica evidente que os conceitos de justiça reprodutiva, assim como o racismo obstétrico, cunhados por mulheres negras e seus movimentos, precisam embasar a construção, a execução, o acompanhamento e a avaliação das políticas públicas de combate à violência obstétrica e devem permear a formação e a educação permanente dos profissionais de saúde, em todas as esferas, da assistência à gestão, se de fato o objetivo for garantir os direitos humanos para todas as pessoas — incluindo mulheres negras, suas filhas e seus filhos.

Considerações finais

Grada Kilomba (2019) nos oferece o conceito de trauma colonial como experiência vivenciada a partir dos episódios cotidianos de racismo sofridos por pessoas negras. Ela sugere o trauma colonial como uma flecha capaz de atravessar o tempo e nos remeter de volta para o passado de escravização e colonialismo. Para explicar o conceito, a autora usa a noção de trauma clássico da psicanálise:

> Primeira, a ideia de um *choque violento* ou de um evento inesperado para o qual a resposta imediata é o choque; segunda, a *separação* ou fragmentação, pois esse choque violento inesperado priva a relação da pessoa com a socieda-

> de; e, terceira, a ideia de *atemporalidade*, na qual um evento violento que ocorreu em algum momento do passado é vivenciado no presente e vice-versa, com consequências dolorosas que afetam toda a organização psicológica, entre as quais se encontram pesadelos, *flashbacks* e/ou dor física. (Kilomba, 2019, p. 216, grifos da autora)

Kilomba (2019) argumenta, ainda, que os episódios de racismo a que somos submetidos no cotidiano vão reproduzir o trauma de uma história colonial que é coletiva. Ela usa o conceito de trauma por alegar que esses episódios vão desencadear os três principais elementos do trauma segundo a psicanálise. O primeiro elemento é a sensação de choque e imprevisibilidade ao experienciar uma situação de racismo — a pessoa nunca está preparada para assimilar o racismo e sua reação imediata é o choque.

O segundo elemento do trauma é o sentimento de ruptura e perda, que priva o sujeito de suas conexões com a sociedade — essa sensação de ruptura remete ao sequestro de povos negros do continente africano para o escravismo e ao sentimento de isolamento e separação produzidos por essas rupturas abruptas e violentas (Kilomba, 2019).

O terceiro elemento do trauma consiste na atemporalidade, com a sensação de que um evento que aconteceu no passado está ocorrendo no presente e vice-versa, como se colonialismo e racismo coincidissem, como se a ideia de um episódio traumático do passado colonial não tivesse sido elaborado adequadamente e estivesse "vívida e intrusivamente em nossas mentes", colonizando-nos mais uma vez, de forma contínua (Kilomba, 2019, p. 224).

Neusa Santos Souza (2021), em *Tornar-se negro*, abordou o difícil processo de se tornar negro em um país racista como o Brasil, visibilizando os processos de auto-ódio, de questionamento e de negação de si enquanto sujeito, experienciado por pessoas negras brasileiras.

A autora assevera que

> saber-se negra é viver a experiência de ter sido massacrada em sua identidade, confundida em suas perspectivas, submetida a exigências, compelida a expectativas alienadas. Mas é também, e, sobretudo, a experiência de comprometer-se a resgatar sua história e recriar-se em suas potencialidades. (Souza, 2021, p. 46)

A autora alude à possibilidade de construção de uma identidade negra consciente, explicita o sofrimento vivenciado por perceber-se negra perante uma sociedade que a todo tempo atualiza o trauma colonial e reproduz a ideia do negro como inimigo da nação. É necessário, aqui, perceber que esse sofrimento, essa vivência e esse trauma são sistematicamente silenciados pela instituição de saúde brasileira, particularmente no que se refere às mulheres negras.

Nós, mulheres negras brasileiras, construímos subjetividade a partir das imagens produzidas de nós, dos discursos ditos não por nós, mas sobre nós, tantas vezes, que nos prendemos nessas possibilidades. Desde a socialização escolar, temos nossa ingenuidade roubada cedo demais, temos nossa estética questionada cedo demais, temos nossas referências de maternidade geralmente ocupadas demais e aprendemos sobre nós por aquilo que dizem sobre nós: que somos resistentes à dor, boas para trabalho braçal, boas cuidadoras, sempre hipersexualizadas por meio da dança que supostamente dominamos, do corpo e da bunda que supostamente temos, da forma como supostamente sabemos dar prazer sexual e pelo apetite sexual que supostamente desenvolvemos.

Assim, se em 2011 o julgamento do Comitê Cedaw da ONU (2011) considerou que o Estado brasileiro não tomou as medidas adequadas para proteger os direitos humanos de Alyne Pimentel e falhou também por não garantir o acesso à justiça efetiva para sua família, mais de 20 anos depois desse caso mulheres negras ainda questionam:

- Como responsabilizar o Estado, as instituições e os profissionais de saúde envolvidos na violência e no racismo obstétricos?
- Como e quem deve acolher a frustração da mulher negra por ter a maternidade negada, a intelectualidade questionada ou a afetividade esvaziada?
- Como e quem acolhe a angústia da mulher negra que vê naturalizada a violação de seu corpo?
- Quem acolhe a dor de uma mulher negra que tem o filho assassinado pelo Estado — por vezes ainda em seu ventre — além de as próprias mulheres negras?

À histórica pergunta de Sojourner Truth, uma mulher negra — "E não sou uma mulher?" —, Maria Lugones (2020) responde que não, uma vez que o sistema moderno/colonial de gênero faz a leitura de povos e corpos racializados não como homens e mulheres, mas como machos e fêmeas que podem ser forjados conforme os interesses e as necessidades desse sistema.

Para uma produção de cuidado em saúde integral, universal e equânime, torna-se, então, urgente compreender a necessidade de processos de "desuniversalização". É preciso que as instituições de graduação e pós-graduação em saúde sejam capazes de produzir uma lógica de conhecimento que consiga acessar essas vivências que não são hegemônicas.

Não é possível dizer que os protocolos utilizados para diagnosticar sofrimento mental em pessoas brancas brasileiras seja o mesmo ou tenha a mesma capacidade diagnóstica em pessoas negras, ou pensar que os processos de cuidado durante o ciclo gravídico-puerperal possam ser pensados de maneira igual para pessoas brancas e negras.

As especificidades em nada têm relação com aspectos biológicos, mas com aspectos de socialização e trauma. Ademais, é importante ressaltar que, enquanto negros e indígenas, nossas experiências de saúde e adoecimento não se resumem ao trauma colonial — isso seria cair na armadilha do essencialismo —, mas implica reconhecer que o trauma colonial atravessa de maneira significativa nossos processos de subjetivação, socialização e saúde-adoecimento.

As práticas de cuidado produzidas e pensadas a partir de uma episteme e cosmologia branca europeia ocidental hegemônica são capazes de reconhecer e acolher o trauma colonial? Quantos processos de sofrimento e adoecimento não estão sendo silenciados e subvalorizados?

Como vimos no caso da assistência a mulheres negras em seu ciclo gravídico puerperal, o racismo obstétrico é um instrumento e discurso de opressão produzido e validado pela medicina ocidental, que, embora reivindique um *status* de neutralidade, opera em função da manutenção da opressão socio-étnico-racial desde antes de as pessoas negras nascerem. Mais do que nunca, é necessário apontar que a medicina, enquanto tecnologia científica ocidental, não é nem nunca foi neutra e universal, e que sua produção serve aos interesses de manter a hierarquização étnico-racial e o controle sobre os corpos racializados.

Referências bibliográficas

ALBUQUERQUE, Ana Luiza. "Vice de Bolsonaro diz que Brasil herdou indolência dos indígenas e malandragem dos africanos". *Folha de S.Paulo*, 6 ago. 2018. Eleições 2018. Disponível em: https://www1.folha.uol.com.br/amp/poder/2018/08/vice-de-bolsonaro-diz-que-brasil-herdou-indolencia-dos-indigenas-e-malandragem-dos-africanos.shtml. Acesso em: 24 abr. 2023.

ALMEIDA, Silvio Luiz de. *Racismo estrutural*. São Paulo: Sueli Carneiro; Pólen, 2019.

BATISTA, Luis Eduardo; ESCUDER, Maria Mercedes Loureiro; PEREIRA, Julio Cesar Rodrigues. "A cor da morte: causas de óbito segundo características de raça no Estado de São Paulo, 1999 a 2001". *Rev. Saúde Pública*, v. 38, n. 5, out. 2004, p. 630-6.

BRASIL. *Decreto n. 528, de 28 de junho de 1890*. Regulariza o serviço da introdução e localização de imigrantes na República dos Estados Unidos do Brasil. Coleção de Leis do Brasil. [S.l.], 1890.

______. Decreto-lei n. 7.967, de 18 de setembro de 1945. Dispõe sobre a Imigração e Colonização, e dá outras providências. Diário Oficial da União. [S.l.], 6 out. 1945.

______. Ministério da Saúde. *Portaria n. 992, de 13 de maio de 2009*. Institui a Política Nacional de Saúde Integral da População Negra. Brasília: Diário Oficial da União, 2009.

______. *Óbitos por suicídio entre adolescentes e jovens negros 2012 a 2016*. Brasília: Departamento de Apoio à Gestão Participativa e ao Controle Social, Secretaria de Gestão Estratégica e Participativa, Ministério da Saúde; Observatório de Saúde de Populações em Vulnerabilidade, Universidade de Brasília, 2018.

CARDOSO, Arthur. "O fantasma do racismo espinozista". *Contextura*, Belo Horizonte, v. 12, n. 16, 16 nov. 2020, p. 37-47. Disponível em: https://periodicos.ufmg.br/index.php/revistacontextura/article/view/23969. Acesso em: 5 jul. 2023.

CARDOSO, Edilaine Marcio Cardoso; COCKELL, Fernanda Flávia. "Atenção à saúde da mulher negra no ciclo gravídico puerperal". *Cadernos de Gênero e Tecnologia*, v. 12, n. 40, jul.-dez. 2019, p. 37-47. Disponível em: https://periodicos.utfpr.edu.br/cgt/article/view/9485. Acesso em: 2 ago. 2023.

CÉSAIRE, Aimé. *Discurso sobre o colonialismo*. São Paulo: Veneta, 2020.

COOPER OWENS, Deirdre. *Medical bondage*: race, gender, and the origins of American gynecology. Athens: University of Georgia Press, 2017.

CRENSHAW, Kimberle. "Demarginalizing the intersection of race and sex: a black feminist critique of antidiscrimination doctrine, feminist theory and antiracist politics". *University of Chicago Legal Forum*, v. 1.989, n. 1, 1989, p. 139-67. Disponível em: http://chicagounbound.uchicago.edu/uclf/vol1989/iss1/8. Acesso em: 5 jul. 2023.

DAHLBERG, Linda L.; KRUG, Etienne G. "Violência: um problema global de saúde pública". *Ciência & Saúde Coletiva*, v. 11, supl., 2006, p. 1163-78. Disponível em: https://www.scielo.br/j/csc/a/jGnr6ZsLtwkhvdkrdfhpcdw/?lang=pt. Acesso em: 24 ago. 2023.

DAVIS, Angela. "As mulheres negras na construção de uma nova utopia". *Portal Geledés*, São Paulo, 2011. Disponível em: https://www.geledes.org.br/as-mulheres-negras-na-construcao-de-uma-nova-utopia-angela-davis. Acesso em: 22 abr. 2023.

DAVIS, Dána-Ain. "Obstetric racism: the racial politics of pregnancy, labor, and birthing". *Medical Anthropology*, v. 38, n. 7, 3 out. 2018, p. 560-73. Disponível em: https://doi.org/10.1080/01459740.2018.1549389. Acesso em: 10 ago. 2023.

DE SOUZA, Ionara Magalhães et al. "Comparative analysis of the constitution and implementation of race/skin color field in health information systems: Brazil and South Africa". *Journal of Racial and Ethnic Health Disparities*, v. 8, n. 2, abr. 2021, p. 350-62.

DINIZ, Carmem Simone Grilo et al. "Abuse and disrespect in childbirth care as a public health issue in Brazil: origins, definitions, impacts on maternal health, and proposals for its prevention". *Journal of Human Growth and Development*, São Paulo, v. 25, n. 3, 2015, p. 377-84.

______. "Desigualdades sociodemográficas e na assistência à maternidade entre puérperas no Sudeste do Brasil segundo cor da pele: dados do inquérito nacional Nascer no Brasil (2011-2012)". *Saúde e Sociedade*, v. 25, n. 3, set. 2016, p. 561-72. Disponível em: https://doi.org/10.1590/S0104-129020162647. Acesso em: 10 ago. 2023.

DONNANGELO, Maria Cecília Ferro; PEREIRA, Luiz. *Saúde e sociedade*. São Paulo: Hucitec, 2011.

FERNANDES, Florestan. *O negro no mundo dos brancos*. São Paulo: DEL, 1972.

FÓRUM BRASILEIRO DE SEGURANÇA PÚBLICA. *Anuário Brasileiro de Segurança Pública 2020* [Internet]. São Paulo, 2020. Disponível em: https://forumseguranca.org.br/wp-content/uploads/2020/10/anuario-14-2020-v1-interativo.pdf. Acesso em: 22 abr. 2023.

FREYRE, Gilberto. "Aspectos da influência africana no Brasil". *Revista del Cesla*, n. 7, 2005, p. 369-84. Disponível em: https://www.revistadelcesla.com/index.php/revistadelcesla/article/view/264. Acesso em: 10 ago. 2023.

______. *Formação da família brasileira sob o regime de economia patriarcal.* 52. ed. São Paulo: Global, 2013.

GALTUNG, Johan. "Violence, peace, and peace research". *Journal of Peace Research*, v. 6, n. 3, set. 1969, p. 167-91. Disponível em: https://www.jstor.org/stable/422690. Acesso em: 10 ago. 2023.

GONZALEZ, Lélia. *Primavera para as rosas negras*. São Paulo: Diáspora Africana, 2018.

______. "Racismo e sexismo na cultura brasileira". *Revista Ciências Sociais Hoje*. Rio de Janeiro, 1984, p. 223-44.

GOMES, Romeu; DESLANDES, Suely Ferreira; MOREIRA, Martha Cristina Nunes. "As abordagens qualitativas na Revista Ciência & Saúde Coletiva (1996-2020)". *Ciência & Saúde Coletiva*, v. 25, n. 12, dez. 2020, p. 4703-14.

KILOMBA, Grada. *Memórias da plantação*: episódios de racismo cotidiano. Rio de Janeiro: Cobogó, 2019.

LEAL, Maria do Carmo et al. "A cor da dor: iniquidades raciais na atenção pré-natal e ao parto no Brasil". *Cadernos de Saúde Pública*, v. 33, n. supl. 1, 2017. Disponível em: https://www.scielo.br/j/csp/a/LybHbcHxdFbYsb6BDSQHb7H/?lang=pt. Acesso em: 20 ago. 2023.

LIMA, Kelly Diogo; PIMENTEL, Camila; LYRA, Tereza Maciel. "Disparidades raciais: uma análise da violência obstétrica em mulheres negras". *Ciência e Saúde Coletiva*, v. 26, n. supl. 3, out. 2021, p. 4909-18. Disponível em: https://www.scielo.br/j/csc/a/wbq3FxQH7HmVMySp7Y9dntq. Acesso em: 20 ago. 2023.

LOPES, Fernanda. "Experiências desiguais ao nascer, viver, adoecer e morrer: tópicos em saúde da população negra no Brasil". In: BATISTA, Luis Eduardo; KALCKMANN, Suzana (orgs.). *Seminário Saúde da População Negra Estado de São Paulo 2004*. São Paulo: Instituto de Saúde, 2005. (Temas em Saúde Coletiva, 3).

______. "Justiça reprodutiva: um caminho para justiça social e equidade racial e de gênero". *Organicom*, v. 19, n. 40, 4 dez. 2022, p. 216-27. Disponível em:

https://www.revistas.usp.br/organicom/issue/view/12779. Acesso em: 20 ago. 2023.

LUGONES, Maria. "Colonialidade e gênero". In: HOLLANDA, Heloisa Buarque de (org.). *Pensamento feminista hoje*: perspectivas decoloniais. Rio de Janeiro: Bazar do Tempo, 2020.

MAIA, Kenia Soares; ZAMORA, Maria Helena Navas. "O Brasil e a lógica racial: do branqueamento à produção de subjetividade do racismo". *Psicologia Clínica*, Rio de Janeiro, v. 30, n. 2, 2018, p. 265-8. Disponível em: http://pepsic.bvsalud.org/scielo.php?pid=S0103-56652018000200005&script=sci_abstract. Acesso em: 20 ago. 2023.

MBEMBE, Achille. *Necropolítica*. São Paulo: N-1, 2018.

______. *Crítica da razão negra*. Lisboa: Antígona, 2014.

MIGNOLO, Walter D. "Colonialidade: o lado mais escuro da modernidade". *Revista Brasileira Ciências Sociais*, v. 32, n. 94, e329402, 2017, p. 1-18. Disponível em: https://www.scielo.br/j/rbcsoc/a/nKwQNPrx5Zr3yrMjh7tCZVk/abstract/?lang=pt. Acesso em: 20 ago. 2023.

MOURA, Clóvis. *Negro*: de bom escravo a mau cidadão? Rio de Janeiro: Conquista, 1977.

______. *Sociologia do negro brasileiro*. São Paulo: Ática, 1988.

MUNANGA, Kabengele. "Um intérprete africano do Brasil: Kabengele Munanga" [Entrevista a Sylvia Dantas, Lágia Ferreira e Maura Pardini Bicudo Véras]. *Revista USP*, n. 114, 16 set. 2017, p. 31-44.

OLIVEIRA, Roberta Godim de et al. "Desigualdades raciais e a morte como horizonte: considerações sobre a Covid-19 e o racismo estrutural". *Cadernos de Saúde Pública*, v. 36, n. 9, 2020. Disponível em: https://www.scielo.br/j/csp/a/QvQqmGfwsLTFzVqBfRbkNRs. Acesso em: 20 ago. 2023.

ORGANIZAÇÃO DAS NAÇÕES UNIDAS — ONU. Comitê para a Eliminação de Todas as Formas de Discriminação contra a Mulher. *Decisão de 25 de julho de 2011. Alyne da Silva Pimentel Teixeira vs. Brazil*. Publicado em 27 set. 2011. Disponível em: https://www2.ohchr.org/english/law/docs/cedaw-c-49-d-17-2008_en.pdf. Acesso em: 22 abr. 2023.

ORGANIZAÇÃO MUNDIAL DE SAÚDE. Departamento de Saúde Reprodutiva e Pesquisa. *Prevenção e eliminação de abusos, desrespeito e maus-tratos durante o parto em instituições de saúde*. Genebra: OMS, 2014. Disponível em: https://apps.who.int/iris/bitstream/handle/10665/134588/WHO_RHR_14.23_por.pdf.

PÉREZ D'GREGORIO, Rogelio. "Obstetric violence: a new legal term introduced in Venezuela". *Int. J. International Journal of Gynecology & Obstetrics*, v. 111, n. 3, dez. 2010, p. 201-2.

QUIJANO, Anibal. "Colonialidade do poder, eurocentrismo e América Latina". In: *A colonialidade do saber*: eurocentrismo e ciências sociais, perspectivas latino-americanas. Buenos Aires: Clacso, 2005, p. 117-42.

ROSS, Loretta J. "Reproductive Justice as intersectional feminist activism". *Souls*, v. 19, n. 3, 3 jul. 2017, p. 286-314.

SALES JR., Ronaldo. "Democracia racial: o não-dito racista". *Tempo Social*, v. 18, n. 2, nov. 2006, p. 229-58. Disponível em: https://www.scielo.br/j/ts/a/K6nMrtbTHFH6Pp6GbH5QRVN/?lang=pt. Acesso em: 20 ago. 2023.

SANTOS, Jussara Francisca de Assis dos. "Enfrentamento à violência obstétrica: contribuições do movimento de mulheres negras brasileiras". *Revista Em Pauta*, v. 19, n. 47, dez. 2020, p. 154-69. Disponível em: https://www.e-publicacoes.uerj.br/index.php/revistaempauta/article/view/56082. Acesso em: 20 ago. 2023.

SILVA, Monique França; BIDU, Hania. "Percepção de mulheres negras do racismo institucional na linha de cuidado materno-infantil". *Revista Saúde em Foco*, Rio de Janeiro, v. 5, n. 1, p. 24-36, jan.-jun. 2020.

SOUZA, Neuza Santos. *Tornar-se negro:* ou As vicissitudes da identidade do negro brasileiro em ascensão social. Rio de Janeiro: Zahar, 2021.

TWINE, France Winddance. "A white side of black Britain: the concept of racial literacy". *Ethnic and Racial Studies*, v. 27, n. 6, nov. 2004, p. 878-907.

WERNECK, Jurema. "Racismo institucional e saúde da população negra". *Saúde e Sociedade*, v. 25, n. 3, jul. 2016, p. 535-49.

WILLIAMSON, K. Eliza. "The iatrogenesis of obstetric racism in Brazil: beyond the body, beyond the clinic". *Anthropology & Medicine*, v. 28, n. 2, 3 abr. 2021, p. 172-87.

7. Racismo xenofóbico em contextos contemporâneos de migração e refúgio

Julie Lourau e Mari Rosa Souza

Este capítulo visa discutir o racismo xenofóbico no Brasil e no mundo, ao mesmo tempo que procuramos atualizar o debate sobre migração e refúgio, aprofundando o tema nos contextos das mudanças climáticas e do racismo ambiental. Nosso propósito é desenvolver um ponto de vista situado, ou seja, marcado por um olhar desde o Sul global (o Brasil) e baseado em uma epistemologia que respeite os direitos de todos(as) e promova a solidariedade e o bem viver numa perspectiva antirracista e de igualdade de gênero.

A metodologia que utilizamos é a revisão de literatura científica e a pesquisa documental, com base em matérias jornalísticas e em algumas pesquisas que desenvolvemos anteriormente. Nosso principal objetivo é lançar luz sobre conceitos e discussões e documentar os temas com fatos observados ou com relatos narrados por terceiros. Procuramos discutir tanto o contexto brasileiro como o internacional para dar conta de um fenômeno que é global. Não almejamos ser exaustivas, mas apontar uma multiplicidade de situações que resultam em políticas de controle ou de mortes (necropolíticas) e que são alimentadas pela rejeição do "outro" racializado, na condição de migrante — seja dentro do próprio país, seja ultrapassando alguma fronteira política entre países —, o que qualificamos aqui de racismo xenofóbico.

Dividimos o texto em quatro seções, com elementos e definições sobre: aspectos das migrações e dos refúgios na contemporaneidade; os preconceitos e as discriminações contra "o estrangeiro", o que resulta em racismo xenofóbico; o quadro legal brasileiro; e as lógicas globais que alimentam as políticas de rechaço.

Ser migrante ou refugiado(a)

Um estudo realizado pelo Banco Mundial (2021) estima que, até 2050, a crise climática pode forçar 216 milhões de pessoas de seis regiões do mundo a migrar dentro de seus próprios países. Somente na América Latina, mais de 17 milhões de pessoas devem deixar suas casas nos próximos anos devido a problemas como crises hídricas, baixa produtividade e distribuição de alimentos, além da elevação do nível do mar.

Em 2022, a guerra na Ucrânia resultou em milhares de ucranianos deslocados, contribuindo para que o número global de refugiados ultrapassasse a marca de 100 milhões de pessoas nesse ano. Segundo relatório do Alto Comissariado das Nações Unidas para os Refugiados (Acnur, 2022), isso representa um dado inédito e alarmante: uma em cada 78 pessoas na Terra vem sendo forçada a fugir de conflitos, violência, violações de direitos humanos e perseguições. No fim de 2021, ainda de acordo com o Acnur (2022), o número de refugiados já havia chegado a 90 milhões, impulsionado por ondas de violência ou conflitos prolongados em países como Etiópia, Burkina Faso, Mianmar, Nigéria, República Democrática do Congo e Afeganistão.

Nas migrações internacionais, um processo recente tem se mostrado também alarmante: a constatação de que mais de 30% dos migrantes e refugiados são menores de idade. De acordo com o último relatório do Fundo das Nações Unidas para a Infância (Unicef, 2022), os conflitos, a violência e outras crises deixaram um recorde de 36,5 milhões de crianças deslocadas no fim de 2022, muitas delas desacompanhadas — o número mais alto registrado desde a Segunda Guerra Mundial. Esse crescimento é efeito direto de crises contínuas, incluindo conflitos agudos e prolongados, como no Afeganistão, e fragilidades em países como a República Democrática do Congo ou o Iêmen, que vêm sendo agravadas pelas crises climáticas. As crianças, como aponta o alto-comissário da ONU para Refugiados, Filippo Grandi (2019), "não fogem para procurar melhores oportunidades, elas simplesmente fogem à procura de segurança".

Com base nos dados observados no Brasil, outro aspecto relevante que se observa no processo de migrações é a perceptível feminização das imigrações no país, com um crescente número de mulheres adentrando as fronteiras nacionais e se estabelecendo no mercado de trabalho — fenômeno que se inicia a partir de 2015 e vem aumentando nos últimos anos, com exceção do ano de 2020 e de parte de 2021, quando a pandemia de covid-19 afetou de forma brusca a mobilidade das imigrantes (OIM, 2022). Em 2021, as mulheres representaram 46,3% do total de pessoas que solicitaram reconhecimento da condição de refugiados no Brasil. O percentual de mulheres é maior entre os angolanos (50,8% de mulheres), seguidos por venezuelanos (48,7%) e peruanos (48,4%). Em números absolutos, as mulheres venezuelanas são maioria, uma vez que os venezuelanos representam 78,5% de todos os que migraram para o Brasil no ano de 2021 (Junger et al., 2022).

Racismo ambiental, ecofascismo e capitalismo neoliberal

Outro contexto que nos interessa trabalhar aqui é a relação entre a crise migratória, a crise climática e o racismo ambiental, por serem três facetas de um mesmo problema: o da ordem econômica do capitalismo neoliberal, cujos interesses se tornaram dogmas a ser operacionalizados.

A lógica do capitalismo neoliberal é orientada por considerações de ordem econômica e protege os interesses dos agentes poderosos dessa economia — como donos de empresas, dirigentes de corporações internacionais e a classe dos políticos que os servem. Dentro dessa lógica, os interesses dos trabalhadores e dos grupos minorizados (Almeida, 2021) são sucateados e suas condições de vida tornam-se cada vez mais precárias (para os primeiros) ou descartáveis (para os segundos). Por fim, essa lógica é responsável pelo impacto humano na mudança climática (orquestrada mundialmente pela crença no desenvolvimento), que torna lugares inabitáveis e obriga os moradores a se deslocarem.

Nesse cenário, torna-se crucial entender que a migração é a face humana do desastre climático e que toda a humanidade tem sua parcela de responsabilidade. Portanto, aqueles que estão no Sul global, assim como comunidades dentro do Norte global (indígenas, comunidades racializadas e as de baixa renda) são forçados a lidar com projetos como os de *downstream*[1], refinarias, oleodutos, mineradoras etc.

Nos últimos anos, os novos fluxos migratórios decorrentes de desastres climáticos ultrapassaram outras formas de deslocamento e têm uma relação intrínseca com a violência e o racismo climático, pois esses desastres não são naturais; ao contrário, são provocados pela política do imperialismo, do racismo e do poder (Quijano, 2005; Rivera Cusicanqui, 1984; Acosta, 2020).

No Brasil, o garimpo ilegal nas terras indígenas é recorrente e levou à crise sanitária no território ianomâmi, resultando, entre 2022 e 2023, na morte de mais de 570 crianças por desnutrição e outras causas evitáveis.

Destarte, Silvia Rivera Cusicanqui (1984) e Satish Kumar (2017) nos alertam para a necessidade de combatermos o racismo dos movimentos ambientais dominantes, já que seus projetos de conservação estão, de forma inequívoca, em desacordo com a soberania indígena, não levando em consideração as relações que os povos indígenas desenvolvem com a terra e a caça. Esses movimentos, para os autores, atuam fervorosamente numa perspectiva do controle dessas comunidades. Os autores enfatizam a necessidade de dirigirmos o olhar para a base do conhecimento e da ciência indígeno-andina, pois, quando o Estado se envolve, limita a capacidade desses povos originários de desenvolver suas práticas e tecnologias não ocidentais (Latouche, 2004).

Por outro lado, o aquecimento global, devido ao gás de efeito estufa provocado pelas indústrias e pelo modo de vida baseado em amplo consumo de energia como modelo de *status* social, é outra causa de migrações forçadas cujas consequências se fazem ainda piores. As inundações geram centenas de mortes e milhões de deslocamentos forçados nas regiões oeste e central do continente africano. Entre Nigéria, Chade, Níger, Burkina Faso, Mali e Camarões, já são 3,4 milhões de pessoas afetadas somente em 2022 (Acnur, 2022).

Outro movimento que deve receber nossa atenção e tem relação com grande parte dos movimentos ambientais contemporâneos é o ecofascismo (Luhmann, 1989; Beck, 1996). Nele, o clima e a crise climática tornam-se um novo mantra para um tal "racionalismo verde", que poderíamos conceber aqui

1. Empresas que realizam o processamento, a comercialização e a distribuição de petróleo bruto, derivados e gás natural.

como uma política darwiniana do barco salva-vidas e "proteção" das fronteiras por conta de uma "crise" climática.

Para Egri e Pinfield (1996), a postura centrada numa definição global de crise ecológica, que converte questões de conservação da natureza em questões de gestão global, transforma esse fenômeno da crise climática em um novo estilo de imperialismo, atingindo um paradigma radical, por vezes travestido no que os autores vão denominar "ecofascismo".

Bem elucidador é o exemplo francês de Marine Le Pen, líder da extrema direita que cada vez mais tem justificado o fechamento das fronteiras na Europa sob o disfarce da crise ecológica. Políticos(as) da extrema direita cunham discursos sobre a falta de espaço, equipamentos e políticas para rejeitar os migrantes, aliando-se ao discurso da "capacidade de carga da terra". Segundo essa "teoria", países como a Inglaterra devem limitar essa carga e impedir a entrada de novos(as) migrantes e refugiados(as). A ideia de capacidade de carga, segundo Walia (2021), está intimamente conectada ao tipo de lógica darwiniana de crescimento populacional, como se a Terra tivesse uma quantidade de carga limitada, mas essas são teorias que se constituem deixando de lado a devastação provocada pelas corporações.

O conceito de racismo ambiental foi cunhado em 1981 pelo ativista afro-americano Benjamin Franklin Chavis Jr. (Bullard, 2002), que fazia denúncias sobre o fato de a população mais vulnerabilizada, especificamente a população negra, ser a mais vitimada pela degradação ambiental. Ou seja, essa degradação tem a população negra como alvo preferencial. O termo passou a ser evidenciado para descrever a injustiça ambiental num contexto racializado, em que o racismo é sistêmico, estruturante e institucionalizado.

Em países como o Brasil, por exemplo, devido ao seu passado colonial e à manutenção de estruturas sociais racistas, as populações negras e indígenas são as mais afetadas com os danos ambientais, já que são grupos invisibilizados pelo conjunto da sociedade. O racismo ambiental interfere na vida de sujeitos que são escolhidos como passíveis ou não de solidariedade.

Em novembro de 2022, aconteceu a COP 27, sessão da Conferência das Partes da Convenção-Quadro das Nações Unidas sobre a Mudança do Clima (UNFCCC, na sigla em inglês), mais conhecida como Conferência do Clima, realizada desde 1995. A COP 27, sediada na cidade de Sharm El-Sheikh, no Egito, reuniu 198 países — que ratificaram a UNFCCC — e aconteceu em meio a um cenário de agravamento dos efeitos das mudanças climáticas. Foram ampliadas as metas estabelecidas em reuniões anteriores e, para garantir o cumprimento de ações urgentes diante do clima, foram renovados os compromissos de implementação do Acordo de Paris, tratado internacional sobre mudanças climáticas assinado em 2015. A ideia era reafirmar a previsibilidade do financiamento climático para atingir as metas ambientais da Agenda 2030.

A COP 27 também chamou a atenção para os impactos da crise climática nos deslocamentos forçados em todo o planeta. A agenda integra as dimensões econômica, social e ambiental, tendo como expectativa alinhar essas dimensões para que sejam concretizadas no âmbito global. Com o lema "ninguém será deixado para trás", a agenda representa objetivos em comum para toda a humanidade. Ao reconhecer e incluir a situação dos migrantes e refugiados(as) em seus objetivos e metas, a UNFCCC reafirma a necessidade de olhar para essas pessoas por uma perspectiva cosmopolita, tendo em vista que as migrações são globais e multifacetadas, com potencial de contribuir para o desenvolvimento social e econômico dos países receptores. Por fim, a agenda reafirma o direito de migrar como um direito humano, o qual deve ser exercido com respeito aos demais direitos e protegido pelo direito internacional.

Assim, na realidade de hoje, existe uma distância importante entre direitos internacionais e a realidade dos grupos minorizados ao redor do mundo.

Como se opera o racismo xenofóbico

Iniciaremos o tema da xenofobia usando o exemplo recente da guerra na Ucrânia para introduzir as necessárias dimensões racial e econômica do problema, que muitas vezes não são destacadas e levam a um amálgama que não corresponde à realidade.

É salutar lembrarmos que, antes da invasão russa e dos ataques contra a população ucraniana, o mundo já conhecia a emergência migratória, as regiões afetadas por guerras, conflitos políticos, crises climáticas e o perfil dos sujeitos que migram. Mas a guerra na Ucrânia nos expôs outra faceta. A invasão russa em 2022 exemplifica o cenário de racismo ambiental, xenofobia racializada e a solidariedade seletiva que estamos evidenciando neste artigo.

Em 2022, vimos na cobertura midiática nacional e internacional quem eram os sujeitos dignos de solidariedade e humanidade na sociedade mundial. E, é claro, antes de entrarmos nesse ponto, gostaríamos de enfatizar que os direitos humanos são inalienáveis e devem ser concebidos a todo(a) e qualquer sujeito que migra. Assim, é evidente que a vida dos ucranianos, incluindo mulheres, crianças e outros grupos vulneráveis, importa. Mas o que trazemos aqui são os seguintes questionamentos: por que motivo esses corpos em situação de vulnerabilidade, posta pelo conflito, são alvo de solidariedade e consternação de toda a humanidade, enquanto outros povos em conflito não o são? Por que somente eles têm direito à vida? O motivo dessas perguntas continua nos próximos parágrafos.

Dentre as diversas manifestações de racismo que foram televisionadas pela mídia internacional sobre a guerra na Ucrânia, um dos exemplos que mais circularam nas redes sociais foi a fala do jornalista Charlie D'Agata, do canal norte-americano CBS News. Na ocasião, ao vivo, o repórter disse que a guerra entre a Rússia e a Ucrânia não era esperada, por se tratar de países europeus, e completou:

> Esse não é um lugar, com todo o respeito, como Iraque ou Afeganistão, que têm visto conflitos por décadas. Essa é uma cidade relativamente civilizada, relativamente europeia. [...] preciso escolher essas palavras com cuidado, também. É uma cidade em que você não espera que isso aconteça. (Tubamoto, 2022)

Aqui, vemos claramente o que Arendt (2000) chama de "a banalidade do mal", o mal que virou comum de ser praticado, discursado e facilmente acolhido pela sociedade racista. Ao mesmo tempo, o embaixador da Ucrânia no Reino Unido, Vadym Prystaiko, confirmou que migrantes negros(as) e asiáticos(as) enfrentavam dificuldades para deixar o país invadido pela Rússia no dia 24 de fevereiro de 2022, sendo bloqueados nas fronteiras.

Segundo Harsha Walia (2021), não existe essa "crise migratória"; o que existe é uma ordenação imperialista munida de violência racial que, sendo sistêmica e estruturante, dita as regras de quem tem direito à vida e à morte no território branco.

Autores como Faustino e Oliveira (2021) procuram mostrar que a racialização influencia os marcadores sociais de diferença e exclusão social, já que a xenofobia é, na maior parte das vezes, codificada pela cor da pele, sendo um desafio que precisa ser suficientemente problematizado pelos estudos de migração no Brasil.

A etimologia da palavra "xenofobia" vem do conceito grego composto por *xenos* ("estrangeiro") e *phobos* ("medo"). Nesse sentido, a xenofobia faz referência ao ódio, ao receio, à hostilidade e à rejeição em relação aos estrangeiros. Ainda assim, é salutar trazermos à tona a limitação do conceito para designar a aversão ao migrante e refugiado não branco. Ambalavaner Sivanandan (2006) trata do racismo que se baseia especificamente na cor da pele. Visando à compreensão de dinâmicas contemporâneas da sociedade capitalista britânica diante do fenômeno da migração, o autor elabora o conceito de "xenorracismo", concebido como alternativa analítica que abarca não apenas aqueles de pele escura, mas também as novas categorias de deslocados, despossuídos e desarraigados que estão batendo nas portas da Europa Ocidental — essa Europa que ajudou a substituí-los em primeiro lugar. "É racismo em substância, mas 'xeno' em forma. É um racismo atribuído a estranhos empobrecidos, mesmo que sejam brancos, é o xenorracismo!" (Sivanandan, 2006, p. 2).

Para Faustino e Oliveira (2021), o conceito de Sivanandan se mostra pouco sensível à tematização da distribuição desigual e racializada da *fobia* e da *filia* entre diferentes grupos de migrantes e refugiados em países de via colonial, sobretudo no contexto da xenofobia Sul-Sul, uma vez que, para tal propositura, a clivagem central que daria sustentação à discriminação não seria a cor da pele, mas a nacionalidade. Segundo os autores, a xenofobia que é dirigida pela polícia fronteiriça apresenta um processo de racialização — expresso pela "desumanização" e "demonização" distinta dos migrantes —, que não se resume à *aporofobia*[2] e/ou classe social, mas à manutenção atualizada do velho crivo racial antinegro e anti-indígena (Faustino e Oliveira, 2021). Desse modo, podemos falar de um racismo xenofóbico, ou seja, mais uma faceta da racialização e do racismo e não somente um ódio ao estrangeiro.

2. O termo foi criado em 1995 pela filósofa espanhola Adela Cortina e traduz uma patologia social que se manifesta na aversão a alguém que é percebido como diferente. Em grego, a palavra *á-poros* significa "sem recursos"; assim, o termo significa "rejeição, aversão ou ódio aos pobres".

Em fevereiro de 2022, coincidentemente o mesmo mês do início da guerra na Ucrânia, o assassinato do congolês Moïse Kabagambe levantou o debate sobre o problema do racismo no Brasil. O jovem, que residia em nosso país desde os 11 anos de idade, foi morto depois de cobrar o pagamento por seu trabalho em um quiosque na Barra da Tijuca, no Rio de Janeiro.

Em pesquisa realizada por Souza (2018, p. 130), uma de suas entrevistadas, migrante negra guineense, relata: "aqui em Redenção ninguém ajuda ninguém, o brasileiro parece que tem medo da gente e a gente acaba nem se aproximando deles". A pesquisa em questão faz um recorte do racismo vivenciado cotidianamente por estudantes africanos no estado do Ceará inseridos em uma universidade internacional no interior do estado. Ali, esses estudantes eram expostos a uma xenofobia racializada (Faustino e Oliveira, 2021).

Nas relações de sociabilidade cotidiana, as pesquisas sobre a presença africana em estados brasileiros apontam que os moradores locais evitam se sentar ao lado de migrantes no transporte público ou frequentar os mesmos espaços públicos (Souza, 2018).

O campo pluridisciplinar das relações etnorraciais no Brasil estuda, entre outras coisas, a dominação e o racismo no contexto da colonização portuguesa no país. Ele tem seu ponto de partida na história da conquista portuguesa nas Américas no século XVI, quando passa a existir uma situação de contato entre os povos indígenas e os recém-chegados migrantes, os conquistadores portugueses, seguidos dos africanos trazidos à força pelos colonos no contexto da produção intensiva de cana-de-açúcar e da exploração das pessoas pelo tráfico de escravizados induzido pelas políticas da colônia.

Nas ciências sociais brasileiras, a questão das desigualdades entre a população branca abastada e a população negra pobre é preponderante e tem sido tradicionalmente problematizada de forma unívoca — ou seja, o "problema do negro", formulação que remonta ao final do século XIX, às teorias raciais racistas que vieram da Europa e foram impostas pelo campo científico naquela época (Lourau et al., 2021). "Essa ideia de que a população negra constitui um problema está presente em várias vertentes das ciências sociais que vão pôr o problema sempre do ponto de vista da carência (econômica, social, cultural)" (Lourau et al., 2021, p. 191) do povo negro, sem nunca questionar o contexto cultural eurocêntrico imposto, que exclui e mantém essas populações à margem.

Apontar o negro como um problema deve ser visto como "uma estratégia da branquitude" (Carone e Bento, 2014) para "não questionar os brancos, deixar que eles dominem o discurso e para que tenham a exclusividade da normalidade" (Lourau et al., 2021, p. 192). O fundamento racista do poder branco, assim evidenciado enquanto racismo sistêmico e estruturante, nos leva a questionar a identidade mestiça que ocupa um espaço importante na ideologia que carregou a identidade nacional brasileira até os dias de hoje.

A "democracia racial" (Guimarães, 2019; Schwarczs, 1993) é uma ideologia que foi desenvolvida a partir do início do século XX e tinha como carro-chefe a ideia de que o povo brasileiro era mestiço e colocava as culturas negra e indígena a serviço da norma europeia. Essa ideologia é responsável por impor a permanência da ordem colonial no Brasil moderno, hierarquizando não só as raças, mas também as culturas, enquanto proclama uma identidade mestiça de bom entendimento entre as raças.

A ideia desenvolvida por Gilberto Freyre (2001) é a de que todo brasileiro tem pelo menos um ancestral europeu, africano ou indígena. O fato de que essa miscigenação foi baseada no estupro de mulheres negras e indígenas, evidentemente, não é mencionado, e a imagem agradável de um brasileiro "cordial" e mestiço domina o discurso.

A identidade legitimadora (Castell apud Munanga, 2003) é, assim, no caso brasileiro, uma identidade eurocêntrica, que garante o privilégio branco e discrimina os não brancos (negros e indígenas), atribuindo-lhes valores morais negativos herdados das teorias raciais do século XIX. A partir dessa construção da identidade legitimadora do povo brasileiro, políticas de branqueamento racial foram implantadas por meio do estímulo à migração massiva de europeus para o Brasil e por necropolíticas (Mbembe, 2018) destinadas à população não branca (negros e indígenas).

A tese de Andaraí Cavalcante (2019) enfoca a morte violenta de jovens negros(as) em Salvador, propondo uma reflexão sobre a reputação do Brasil como um país pacífico. Na verdade, os índices de homicídio que afetam a população jovem e negra são alarmantes e permitem falar de um genocídio de jovens negros brasileiros nas periferias urbanas.

A *necropolítica* constitui a base do racismo sistêmico e estruturante (Almeida, 2018) que sustenta as relações sociais no Brasil. Embora seja diferente da estrutura imposta pelo *apartheid* na África do Sul ou nos Estados Unidos, pois não utilizou a estrutura de leis para definir e separar espaços brancos e negros, ela existiu e continua a existir até hoje porque é, em parte, menos palpável do que as leis: está embutida em códigos sociais.

Dessa forma, entendemos como se formou o preconceito racial contra os(as) negros(as) no Brasil. A hierarquia racial imposta pela democracia racial, que coloca atrás da identidade mestiça um ideal branco, foi alimentada por um preconceito ainda maior contra os migrantes negros que têm a cor da pele mais escura e carregam uma cultura que foi desvalorizada e estigmatizada pela ideologia da mestiçagem brasileira a serviço da racionalidade e da cultura europeias.

"Asilo", "acolhimento" ou "expulsão" dos migrantes e refugiados: marcos legais no Brasil

No momento da escrita deste capítulo, a Lei do Refúgio (Lei n. 9.474, de 22 de julho de 1997) completará 26 anos de promulgada, enquanto a Lei de Migração (Lei n. 13.445, de 24 de maio de 2017), regulamentada e em vigor desde 21 de novembro de 2017, está próxima dos seis anos. Ambas constituem dois marcos legais, os quais balizam nossa atuação como pesquisadores, gestores de políticas públicas e técnicos de governo e da sociedade civil na garantia dos direitos humanos de migrantes e refugiados.

É perceptível que, durante a última década (2011-2020), as migrações internacionais no Brasil e no mundo passaram por diversas mudanças. No Brasil, o perfil dos migrantes que chegaram ao país alterou-se em relação aos anos anteriores, havendo um crescente fluxo de entrada pela fronteira da região norte e um crescimento relevante na inserção de migrantes no mercado de trabalho informal nas regiões sul e sudeste. Houve também a necessidade de alterações nas políticas e nos processos de regulamentação dos migrantes — por exemplo, a criação das Resoluções Normativas 97/2012, 126/2017 e 27/2018 pelo Conselho Nacional de Imigração (CNIg) no âmbito da normatização dos imigrantes haitianos e venezuelanos; a nova Lei de Migração (Lei n. 13.445, de 2017); e a criação de políticas específicas de acolhimento, como a Operação Acolhida, em Boa Vista (RR), e o processo de interiorização dos migrantes.

Ainda que a geopolítica racista (Munanga, 2012; Rivera Cusicanqui, 1984), que criminaliza fluxos migratórios, seja parte intrínseca do capitalismo neoliberal, a forma como as políticas de controle migratório se manifestaram no Brasil durante o governo de extrema direita de Jair Bolsonaro (2018-2022) nos mostrou uma faceta preocupante do racismo de Estado.

Durante o mandato de Bolsonaro, a extrema direita usou de decretos e outros ordenamentos jurídicos que prejudicam os marcos legais de refúgio e migração e fragilizou nossa posição no *ranking* mundial. Em 2019, por exemplo, a Portaria n. 666 foi editada e substituída posteriormente pela Portaria n. 770, na qual Sérgio Moro, ex-ministro da Justiça, instituiu a deportação sumária, retomando na política migratória ideias como a de "pessoas perigosas".

Em paralelo, durante a pandemia, inúmeras violações de direitos passaram a ser denunciadas, sobretudo nas fronteiras. Não é de estranhar que uma das primeiras medidas sancionadas pelo governo Bolsonaro no contexto da covid-19 tenha sido o impedimento da entrada de pessoas da Venezuela por vias terrestres — Portaria n. 120, de março de 2020, com a qual se suspendeu o direito de solicitação de refúgio. Essas medidas foram tomadas enquanto se mantiveram abertas e sem nenhum controle sanitário as fronteiras aéreas com os principais países que, à época, eram foco da doença.

O referido governo também promoveu recordes de deportações durante a pandemia, gerando um aumento de 5.708% em 2020 em relação a 2019 (Sousa e Leite, 2021), chegando a firmar aliança com o até então presidente dos Estados Unidos, Donald Trump, para retornar forçosamente e em condições degradantes os brasileiros indocumentados dos Estados Unidos.

Nas cidades fronteiriças brasileiras, a imprensa denunciou casos de imigrantes bolivianos que eram deportados ao procurar atendimento em unidades de saúde (Pereira e Quintanilha, 2021), violando a universalidade do Sistema Único de Saúde (SUS) e evidenciando a existência de um vínculo perigoso entre profissionais de saúde e forças de segurança.

Outro caso distinto, mas igualmente preocupante e representativo dessa política de controle migratório praticada pelo governo Bolsonaro, foi o de março de 2021, quando a Polícia Federal invadiu um Centro de Acolhida para migrantes mantido pela Pastoral do Migrante em Pacaraima (RR), cidade fronteiriça com a Venezuela (Fernandes e Oliveira, 2021).

Consideremos, também, a Operação Acolhida, montada pelo Exército Brasileiro em 2018. Instalada na região norte do país, na fronteira com a Venezuela, com a anunciada finalidade de interiorizar os migrantes recebidos, foi usada para disseminar a ideologia do governo de turno sob o lema "O socialismo exclui, o Brasil acolhe". Essa operação pôs em evidência duas dimensões do racismo xenofóbico sofrido pelos venezuelanos: por um lado, na lógica da racialização, o fato de serem assemelhados a indígenas; por outro, na perspectiva ideológica do governo de extrema direita, de serem assemelhados a comunistas (estes representando a figura do inimigo no confronto ideológico socialismo *versus* capitalismo).

Embora tenha um forte discurso de "acolhimento", a Operação Acolhida intermediou a mão de obra para vagas de trabalho precário, inclusive com denúncias de trabalho análogo à escravidão. Em maio de 2021, a Ambev e a Heineken foram autuadas por uso de mão de obra escrava no estado de São Paulo: 22 venezuelanos e venezuelanas e um haitiano foram resgatados depois de viverem por meses na boleia de caminhões, sem direito a alojamento nem acesso a água potável.[3]

Para Agamben (2010), a vida nua é concebida como a vida que se pode matar e explorar sem que o(a) assassino(a) venha a ser responsabilizado(a). Isso nos remete a Arendt (2000), que parte do abismo existente nas formas de fabricação da vida não passível de luto e traz para o contexto das reflexões ética e política a condição "ontológica" da vulnerabilidade — ou seja, quando alguns grupos se tornam mais vulneráveis que outros e são privados da proteção das leis, da justiça e do luto público, caracterizando formas de poder e dominação. Esses migrantes e refugiados estão submetidos ao poder soberano do Estado brasileiro, o qual lhes tirou o direito à vida e os tornou passíveis de exploração e de morte sem luto.

Segundo a Organização Mundial da Saúde (OMS), a pandemia de covid-19, matou mais de 20 milhões de pessoas em todo o mundo (AFP, 2023). Para o socioantropólogo francês Bernard Kalaora (2023), fomos um tanto idealistas ao pensar que, com a doença, um "novo mundo" renasceria, mais sóbrio, mais empático, mais cuidadoso, menos intensivo em gasto de ener-

3. Esse caso e outros foram relatados na imprensa. Veja também Barros (2022).

gia, e que a busca do bem-estar substituiria a procura pelo crescimento infinito. Ao contrário, os controles e as limitações se intensificaram, movidos por um discurso higienista, e passamos a assistir ao extermínio de corpos negros no Brasil e no mundo.

Por que motivo, quando estamos falando de crise migratória, crise de refugiados ou até mesmo crise de fronteiras, a cobertura midiática e os liberais não mencionaram o movimento em massa de pessoas em aviões, na classe executiva, voando ao redor do mundo, nos fins de semana ou todos os dias durante a pandemia? Estamos falando de uma classe empresarial, de uma classe média e de turistas se movendo em uma escala sem precedentes (Piza, 2020), mas essa dimensão não é questionada, já que representa o capital (Harvey, 2013).

A disseminação inicial da covid-19 não foi resultado dos migrantes. No Brasil, o primeiro caso de morte ligada ao coronavírus aconteceu no Rio de Janeiro e se deu pela contaminação de uma empregada doméstica pela patroa, que tinha acabado de chegar da Itália (Porém.net, 2020). As mulheres negras, que são a maioria nessa categoria de trabalho e não tiveram acesso a outros arranjos de sobrevivência, foram as mais atingidas pela pandemia, levando a doença para seus lares e, consequentemente, arriscando a vida de seus familiares.

Como se opera o racismo xenofóbico nas nações desenvolvidas: geopolítica racista e branquitude

Em 2019, a Justiça da Itália determinou a libertação da alemã Carola Rackete, capitã do navio de resgate humanitário Sea-Watch. A capitã foi presa por forçar a entrada da embarcação sob seu comando, em julho de 2019, no porto de Lampedusa (Verdú, 2019). A bordo, estavam 42 migrantes salvos. Ficaram no Mediterrâneo por 17 dias e se encontravam sob frágeis condições de sobrevivência, depois de permanecerem todo esse tempo à deriva, sem que nenhum país europeu autorizasse o seu desembarque. Cabe ressaltar que o navio atracou em Lampedusa por não ter alternativas, já que os portos da Líbia e da Tunísia não eram seguros para o desembarque de migrantes e refugiados. Na época, em meio à cobertura midiática, algumas cenas são emblemáticas, como a da capitã sendo presa por três policiais por resistir a um navio de guerra, enquanto pessoas que presenciavam a cena aplaudiam.

O ódio é praticado contra o corpo indesejável (Kalaora, 2023) e contra aqueles que se posicionam contrariamente aos seus argumentos. A reação da multidão na Itália, que presenciava a prisão da capitã, àquela altura representada como a figura "responsável" pela presença de migrantes em seu país, é o auge da desumanização. Robin DiAngelo (2018, p. 60) fala da fragilidade branca do racista dentro da sociologia da dominação, pela qual nós, brancos, mantemos nossas posições e a protegemos:

> Primeiro vamos falar sobre o que é a fragilidade branca. O aspecto da palavra fragilidade serve para dizer o quão pouco é necessário para que pessoas brancas tenham uma erupção de reações de autodefesa, raiva e dor. Por outro lado, o impacto dessa erupção não é nada frágil, é como um vidro quebrado. Porque, por trás disso, há o peso de um poder institucional — histórico e atual — e de autoridade jurídica [...] isso se transforma em uma arma de defesa que, de forma poderosa, funciona para impedir a nós mesmos de nos desafiarmos nas nossas posições de privilégio e conforto.

Trata-se, portanto, de uma lacuna moral (Piza, 2020) que o(a) branco(a) usa para praticar a política de morte e se fazer valer de um discurso do lugar de "inocente", já que, como se sabe, dificilmente o racista admite o racismo. É o que Cida Bento (2002) vai conceituar como "pacto narcísico", firmado pelo poder e pela branquitude, um pacto de morte para comunidades negras, indígenas, de migrantes e de refugiados em todo o mundo, pois se assegura na presença branca contínua e no extermínio dos indesejáveis.

Em novembro de 2022, depois de três semanas à procura de um porto seguro na Itália, mas não o encontrando, o navio humanitário Ocean Viking atracou em um porto militar na França, em Toulon, com 230 migrantes, que já se encontravam em situação crítica de saúde física e apresentavam sinais de ansiedade e depressão (AFP, 2022). A embarcação foi pivô de uma crise diplomática com a Itália. A França, mesmo tendo recebido o navio, recusou a permanência de mais da metade dos pedidos de asilo, sendo todos os "indesejáveis" deportados para seus países de origem. O recebimento do navio e a crise criada em torno da embarcação fizeram que a França suspendesse o acolhimento de 3,5 mil solicitantes de refúgio que vivem na Itália e aumentasse os controles na fronteira entre os países.

Essas cenas são comuns nos portos mediterrâneos da Europa, e os migrantes têm enfrentado a experiência de "quase morte" ou morte no mar Mediterrâneo. Michel Agier (2001) nunca foi tão assertivo ao desenhar as fronteiras como objeto de conflitos no mundo e nos confirmar que a globalização não suprimiu as fronteiras; muito pelo contrário, multiplicou os muros e tornou a vida mais frágil e mais incerta para milhares de migrantes cujos direitos são violados ao fugirem de conflitos políticos, guerras e desastres climáticos que resultam na negação de seus direitos humanos (Souza, 2018).

Podemos problematizar a questão das fronteiras também para a América do Norte, fazendo três perguntas simples: os países do Norte encontram resistência ao violar as fronteiras de outros países? Os militares dos Estados Unidos veem fronteiras quando decidem lançar *drones* no Afeganistão ou no Paquistão? O Canadá, epicentro da indústria de mineração mundial, onde estão localizadas 75% de todas as empresas de mineração do mundo, vê fronteiras quando decide explorar e poluir Honduras e a Tanzânia?

É evidente que, para as três perguntas, a resposta é não. Nós só vemos seres humanos, vítimas desse imperialismo predatório, mas não vemos quanto essas indústrias, militares e empresas em geral estão destruindo e invadindo países e desapropriando pessoas. Precisamos levar esses elementos em consideração ao falar de fronteiras. Esses países, exércitos e empresas devem se responsabilizar por suas invasões e pelo genocídio que patrocinam. E por que não falamos de fronteiras ou de soberania territorial quando mencionamos as pessoas que estão de férias? Só falamos de fronteiras quando nos referimos a pessoas pobres e racializadas?

Segundo Angela Davis e Gina Dent (2003), as fronteiras são, em última análise, uma instituição carcerária. Nesse sentido, assim como a política e as prisões se assentam em nossa imaginação como estruturas profundamente punitivas, racistas, misóginas, transfóbicas, opressivas e classistas, objetivamente antinegras e anti-indígenas, as fronteiras também exercem essa forte influência em nossa imaginação, pois constituem espaços de controle para permitir viver ou deixar morrer (Mbembe, 2018; Foucault, 1987).

Portanto, prisões e fronteiras corroboram a política genocida de reduzir a mobilidade e criminalizar as migrações.

Segundo Bhambra (2021), a abordagem proposta seria situar os migrantes e refugiados dentro dos sistemas mais amplos da formação de Estados-nação, no contexto de Estados imperiais e regimes coloniais, para que sejam entendidos como parte de tais processos, em vez de serem considerados acréscimos subsequentes a eles — o que automaticamente coloca migrantes e refugiados como "o(a)/outro(a)", não pertencente à comunidade de destino.

Considerações finais

Como "sair do dilema de proteger a natureza e o meio ambiente, afirmando sermos solidários com as diversas formas de vida sem nos protegermos dos indesejáveis?", pergunta Kalaora (2023).

É evidente que, em tempos de um ecofascismo que se traduz mais em uma espécie de ódio travestido de verde, o discurso de muitos governos é de fechar suas fronteiras como uma solução de "emergência". Nesse cenário, pensar a solidariedade tem sido um verdadeiro desafio.

Os conflitos presenciados nos locais fronteiriços reforçam o caráter violento dessas estruturas, já que por todos os lados deparamos com pessoas encarceradas e mortes trágicas. Mortes que seriam evitadas não fosse a força da fronteira como política de morte pelas nações.

A questão ambiental global mais discutida atualmente é a mudança climática e o imperativo de cortar as emissões de gases de efeito estufa. Porém, enquanto as nações industrializadas barganham, por meio de acordos internacionais, metas pífias de redução das emissões de gases, continuam a acreditar não haver nenhuma incompatibilidade entre crescimento econômico e conservação da natureza.

Somado à questão dos deslocamentos forçados e das fronteiras como instrumento de cárcere, observamos o aumento da criminalização das organizações humanitárias.

Mesmo que existam discussões associando essas organizações ao controle dos indesejáveis, elas trabalham para salvar vidas, e sua criminalização é, por assim dizer, a criminalização da solidariedade, já que reforça o discurso da fronteira, do medo do outro e da inércia perante a cessação do direito à vida de corpos não brancos.

No caso do Brasil, país que tem uma longa tradição de políticas seletivas de acolhimento de migrantes brancos, essas políticas acabam variando, a depender dos interesses político-econômicos de cada época. A política migratória escancara o *modus operandi* do racismo de Estado, herdado de um regime escravista e colonial que constitui a identidade de um país erguido sobre o extermínio de populações pretas e indígenas.

Kumar (2017) nos traz uma reflexão importante. Segundo o autor, boa parte do movimento ambiental contemporâneo é motivado pelo medo do fim do mundo como nós o conhecemos, pelo temor do desastre ambiental. Essa não é a motivação correta para um futuro verdadeiramente sustentável. Amor e reverência pela terra resultarão automaticamente em sustentabilidade, que se traduz no direito à vida e à terra e na possibilidade de nascer, crescer, viver e morrer com dignidade.

A Organização Internacional para as Migrações e as corporações que aderem à Agenda 2030 e ao Pacto Global precisam entender que falar de sustentabilidade é falar sobre o direito à vida para todos e todas, incluindo a natureza e os povos que nela habitam.

Referências bibliográficas

ACNUR — agência da onu para refugiados. *Global trends*: forced displacement in 2021. Disponível em: https://www.unhcr.org/62a9d1494/global-trends-report-2021. Acesso em: 2 mar. 2022.

______. "Acnur: número de pessoas forçadas a se deslocar ultrapassa 100 milhões pela primeira vez". 20 maio 2022. Disponível em: https://www.acnur.org/portugues/2022/05/20/acnur-numero-de-pessoas-forcadas-a-se-deslocar-ultrapassa-100-milhoes-pela-primeira-vez/. Acesso em: 20 ago. 2023.

______. *Position on returns to Afghanistan*. Agosto de 2021. Disponível em: https://reporting.unhcr.org/document/223. Acesso em: 19 ago. 2023.

ACNUR — agência da onu para refugiados; oim — organização internacional para as migrações. *R4V: Plataforma regional de coordinación interagencial para refugiados y migrantes de Venezuela.* 16 jan. 2022. Disponível em: https://www.r4v.info/es. Acesso em: 20 mar. 2023.

ACOSTA, Alberto. *O bem viver*: uma oportunidade para imaginar outros mundos. Tradução de Tadeu Breda. São Paulo: Autonomia Literária; Elefante, 2020.

AGAMBEN, Giorgio. *Homo sacer*: o poder soberano e a vida nua. Belo Horizonte: Editora UFMG, 2010.

AGIER, Michel. "Distúrbios identitários em tempos de globalização". *Mana*, Rio de Janeiro, v. 2, n. 7, p. 7-33, 2001. Disponível em: https://www.scielo.br/j/mana/a/CkgtkrqVdRCMpkrDTXQGW9n/?lang=pt. Acesso em: 14 ago. 2023.

______. "Refugiados diante da nova ordem mundial". *Tempo Social*, São Paulo, v. 18, n. 2, 2006, p. 197-215.

ALMEIDA, Daniele Santos. "Maioria minorizada". *Revista Espaço Acadêmico*, Maringá, v. 21, n. 230, 2021, p. 393-5. Disponível em: https://periodicos.uem.br/ojs/index.php/EspacoAcademico/article/view/60030. Acesso em: 14 ago. 2023.

ALMEIDA, Silvio Luiz de. *O que é racismo estrutural?* Belo Horizonte: Letramento, 2018.

ARENDT, Hannah. *A condição humana*. 10. ed. Rio de Janeiro: Forense Universitária, 2000.

ASSOCIATED FRANCE PRESSE — afp. "Navio humanitário 'Ocean Viking' atraca na França com 230 migrantes". Estado de Minas [online], 11 nov. 2022. Disponível em: https://www.em.com.br/app/noticia/internacional/2022/11/11/interna_internacional,1420143/navio-humanitario-ocean-viking-atraca-na-franca-com--230-migrantes.shtml. Acesso em: 20 ago. 2023.

______. "A difícil coleta de dados sobre as mortes por covid no mundo". *Estado de Minas* [online], 5 maio 2023. Disponível em: https://www.em.com.br/app/noticia/internacional/2023/05/05/interna_internacional,1490390/a-dificil-coleta-de-dados-sobre-as-mortes-por-covid--no-mundo.shtml. Acesso em: 20 ago. 2023.

BANCO MUNDIAL. *Groundswell Parte 2*: Atuando na Migração Climática Internal. Washington: Banco Mundial, 2021. Disponível em: http://hdl.handle.net/10986/36248. Acesso em: 19 ago. 2023.

BARROS, Carlos Juliano. "Seara é condenada em R$ 10 milhões por expor funcionários a covid no Paraná". *UOL*, 15 mar. 2022. . Disponível em: https://economia.uol.com.br/colunas/carlos-juliano-barros/2022/03/15/seara-e-condenada-em-r-10-milhoes-por-expor-funcionarios-a-covid-no-parana.htm. Acesso em: 20 ago. 2023.

BECK, Ulrich. "World risk society as cosmopolitan society? Ecological questions in a framework of manufactured uncertainties". *Theory, Culture & Society*, v. 13, n. 4, 1996, p. 1-32.

BENTO, Maria Aparecida Silva. *Pactos narcísicos no racismo*: branquitude e poder nas organizações empresariais e no poder público. 169 p. Tese (Doutorado em Psicologia) — Instituto de Psicologia, Universidade de São Paulo, São Paulo, 2002. Disponível em: https://repositorio.usp.br/item/001310352. Acesso em: 16 ago. 2023

BHAMBRA, Gurminder K.; holmwood, John. *Colonialism and modern social theory*. Cambridge, UK; Medford, MA: Polity, 2021.

BULLARD, Robert D. "Environmental justice: strategies for building healthy and sustainable communities". In: *II Fórum Social Mundial*, Porto Alegre, fev. 2002.

CARONE, Iray; bento, Maria Aparecida Silva (orgs.). *Psicologia social do racismo*: estudos sobre branquitude e branqueamento no Brasil. 6. ed. Petrópolis: Vozes, 2014. (Coleção Psicologia Social).

CAVALCANTE, Andaraí Ramos. *Corpos enforcados, destroçados e desaparecidos*: violência contra jovens negros em Salvador. Tese (Doutorado em Políticas Sociais e Cidadania) — Universidade Católica do Salvador, Salvador, 2019.

DAVIS, Angela; dent, Gina. "A prisão como fronteira: uma conversa sobre gênero, globalização e punição". *Estudos Feministas*, Florianópolis, v. 11, n. 2, jul.-dez. 2003, p. 523-31.

DIANGELO, Robin. *Não basta não ser racista, sejamos antirracistas*. Barueri: Faro, 2018.

EGRI, Carolyn; pinfield, Lawrence. "Organizations and the biosphere: ecologies and environments". In: clegg, Stewart; hardy, Cynthia; nord, Walter (orgs.). *Handbook of organization studies*. Londres: Sage, 1996, p. 459-83.

FAUSTINO, Deivison Mendes; oliveira, Leila Maria de. "Xeno-racismo ou xenofobia racializada? Problematizando a hospitalidade seletiva aos estrangeiros no Brasil". *REMHU:* Revista Interdisciplinar da Mobilidade Humana [online], v. 29, n. 63, 2021, p. 193-210. Disponível em: https://www.scielo.br/j/remhu/a/WhQNMSS8L6RsKwVWkfR68tg/?lang=pt. Acesso em: 20 mar. 2023.

FERNANDES, Vanessa; oliveira, Valéria. "PF invade abrigo com mais de 50 mulheres e crianças venezuelanas em RR e ação cobra indenização por danos morais". G1, 18 mar. 2021. Disponível em: https://g1.globo.com/rr/roraima/noticia/2021/03/18/pf-tenta-deportar-mais-de-50-mulheres-e-criancas-venezuelanas-de-abrigo-em-rr-e-acao-cobra-indenizacao-por-danos-morais.ghtml. Acesso em: 20 ago. 2023.

FOUCAULT, Michel. *Vigiar e punir*: história da violência nas prisões. Petrópolis: Vozes, 1987.

FREYRE, Gilberto. *Casagrande & senzala*. 42. ed. Rio de Janeiro: Record, 2001.

GRANDI, Filippo. "Introduction". In: unhcr — agência da onu para refugiados. *Stepping up*: refugee education in crisis. 1. ed. Genebra: UNHCR, 2019, 1-55. Disponível em: https://www.unhcr.org/steppingup/wp-content/uploads/sites/76/2019/09/Education-Report-2019-Final-web-9.pdf. Acesso em: 19 ago. 2023.

GUIMARÃES, Antônio Sérgio. "A democracia racial revisitada". *Afro-Ásia*, Salvador, n. 60, 2019, p. 9-44.

HALL, Stuart. *Cultura e representação*. Rio de Janeiro: Editora PUC-Rio; Apicuri, 2016.

HARVEY, David. *Para entender O Capital*. Tradução de Rubens Enderle. São Paulo: Boitempo, 2013.

JUNGER, Gustavo, cavalcanti, Leonardo; oliveira, Tadeu de; silva, Bianca G. *Refúgio em números*. 7. ed. Brasília: Observatório das Migrações Internacionais (OBMigra), 2022. (Série Migrações).

KALAORA, Bernard. "Peut-on protéger la nature sans protéger les 'indésirables'?" AOC, 2023. Disponível em: https://aoc.media/opinion/2023/01/09/peut-on-proteger-la-nature-sans-proteger-les-indesirables/. Acesso em: 20 mar. 2023.

KUMAR, Satish. *Solo, alma, sociedade*: uma nova trindade para o nosso tempo. Tradução de Tônia Van Acker e Cristina Ferraz Coimbra. São Paulo: Palas Athena, 2017.

LATOUCHE, Serge. "A África pode contribuir para resolver a crise do ocidente?" Tradução de Acácio Sidinei Almeida Santos. *Espaço Plural*, Marechal Cândido Rondon, v. 14, n. 28, 2004, p. 175-97. Disponível em: https://www.redalyc.org/articulo.oa?id=445944241009. Acesso em: 16 ago. 2023.

LOURAU, Julie Sarah; cavalcante, Andarai; santana, Stela. "Do 'problema do negro' às dificuldades de 'ser e viver negro' no Brasil: algumas reflexões afrocentradas e antirracistas". *Revista da ABPN*, v. 13, n. 36, mar.-maio 2021, p. 189-217. Disponível em: https://abpnrevista.org.br/index.php/site/article/view/1222. Acesso em: 15 mar. 2023.

LUHMANN, Niklas. *Ecological communication*. Chicago: The University of Chicago Press, 1989.

MBEMBE, Achille. *Necropolítica*. 3. ed. São Paulo: N-1, 2018.

MUNANGA, Kabengele. "Diversidade, etnicidade, identidade e cidadania". Palestra proferida no 1o Seminário de Formação Teórico-Metodológica, São Paulo, 2003.

______. *Negritude*: usos e sentidos. Belo Horizonte: Autêntica, 2012.

OIM – ORGANIZAÇÃO INTERNACIONAL PARA AS MIGRAÇÕES. *Indicadores de Governança da Migração Segundo Perfil 2022 — República Federativa do Brasil*. Genebra: OIM, 2022. Disponível em: https://publications.iom.int/system/files/pdf/MGI-2nd-Brazil-2022-PT_0.pdf. Acesso em: 16 ago. 2023.

ORGANIZAÇÃO MUNDIAL DA SAÚDE. *Excesso de mortalidade associado à pandemia de Covid-19 foi 14,9 milhões em 2020 e 2021*. Disponível em: https://www.paho.org/pt/noticias/5-5-2022-excesso-mortalidade-associado-pandemia-covid-19-foi-149-milhoes-em-2020-e-2021. Acesso em: 2 mar. 2023.

PEREIRA, Alexandre Branco; QUINTANILHA, "Deportação e trabalho escravo: governo e Exército tornam política migratória um desastre humanitário". Intercept Brasil, 23 jul. 2021. Disponível em: https://www.intercept.com.br/2021/07/23/deportacao-trabalho-escravo-governo-exercito-migrantes-desastre-humanitario/. Acesso em: 20 ago. 2023.

PIZA, Douglas de Toledo. "Mobilidade humana e coronavírus: mobilidade, confinamento e migração na pandemia". *Migrações em debate*, Museu da Imigração [blog], São Paulo, 24 abr. 2020. Disponível em: https://museudaimigracao.org.br/blog/migracoes-em-debate/mobilidade-humana-e-coronavirus-mobilidade-confinamento-e-migracao-na-pandemia. Acesso em: 29 jun. 2023.

PORÉM.NET. "Empregadas domésticas negras são as mais atingidas pela pandemia". Porem.net, 23 jul. 2020. Disponível em: https://porem.net/2020/07/23/empregadas-domesticas-negras-sao-as-mais-atingidas-pela-pandemia/. Acesso em: 20 ago. 2023.

PRADA, Montserrat Valle. Entre trânsitos e cárceres: os processos de (des)fazer a fronteira hispano-marroquina numa experiência prisional no Centro Penitenciário de Tetuão. *Rev. Ciências Sociais*, Fortaleza, v. 49, n. 3, nov. 2018-fev. 2019, p. 175-200.

QUIJANO, Anibal. "Colonialidade do poder, eurocentrismo e América Latina". In: LANDER, E. (org.). *A colonialidade do saber*: eurocentrismo e ciências sociais. Buenos Aires: Consejo Latinoamericano de Ciencias Sociales (Clacso), 2005, p. 345-92.

RIVERA CUSICANQUI, Silvia. *Oprimidos pero no vencidos*: luchas del campesinado aymara y qhichwa, 1900-1980. La Paz: La Mirada Salvaje, 1984.

SATISH, Kumar. *Solo, alma, sociedade*: uma nova trindade para nosso tempo. Tradução de Cristiana Ferraz Coimbra e Tônia Van Acker. São Paulo: Palas Athena, 2017.

SCHWARCZ, Lilia Moritz. *O espetáculo das raças*: cientistas, instituições e questão racial no Brasil, 1870-1930. São Paulo: Companhia das Letras, 1993.

SIVANANDAN, Ambalavaner. "Poverty is the new black". *Race & Class*, v. 43, n. 2, out. 2006, p. 1-5.

SOUZA, Osmaria Rosa. *Pensando os direitos de cidadania dos/as estudantes africanos/as no Brasil*: estudo de caso sobre a política de assistência estudantil na Universidade da Integração Internacional da Lusofonia Afro-Brasileira. Dissertação (Mestrado) — Universidade Católica de Salvador, Salvador, 2018.

SOUZA, Viviane; leite, Isabela. "Deportações de estrangeiros crescem 5.708% no Brasil em 2020". *G1*, 21 fev. 2021. Disponível em: https://g1.globo.com/mundo/noticia/2021/02/21/deportacoes-de-estrangeiros-crescem-5708percent-no-brasil-em-2020.ghtml. Acesso em: 20 ago. 2023.

TUBAMOTO, Fernanda Tiemi. "'Kiev não é Iraque ou Afeganistão': racismo e xenofobia na guerra da Rússia". *Estado de Minas* [online], 2 mar. 2020. Disponível em: https://www.em.com.br/app/noticia/diversidade/2022/03/02/noticia-diversidade,1348968/kiev-nao-e-iraque-ou-afeganistao-racismo-e-xenofobia-na-guerra-da-russia.shtml. Acesso em: 20 ago. 2023.

UNICEF — FUNDO DAS NAÇÕES UNIDAS PARA A INFÂNCIA. *25 years of children and armed conflict*: taking action to protect children in war. Nova York: UNICEF, 2021. Disponível em: https://www.unicef.org/media/121251/file/UNICEF%20Annual%20Report%202021.pdf. Acesso em 19 ago. 2023.

VERDÚ, Daniel. "Detida capitã de barco de migrantes que desafiou Salvini". *El País* [online], 29 jun. 2019. Disponível em: https://brasil.elpais.com/brasil/2019/06/29/internacional/1561778170_636083.html. Acesso em: 20 ago. 2023.

WALIA, Harsha. *Border and rule*: global migration, capitalism, and the rise of racist nationalism. Chicago: Haymarket Books, 2021.

8. O negro e o verde em perigo: o racismo ambiental na catástrofe de Brumadinho (MG)

Rafael Alves Orsi, Juliano Costa Gonçalves, Érica Pugliesi e Maria Cristina Franceschini Chade

Ao se observar o cenário de catástrofes ambientais na segunda metade do século XX e já nas duas primeiras décadas do século XXI, é notório que os mais afetados apresentam características comuns de classe social, gênero e origem étnico-racial no Brasil. Claramente, trata-se das pessoas mais empobrecidas e vulnerabilizadas da sociedade: as mulheres e as pessoas negras e indígenas. Tal qual o mito da democracia racial brasileira, a distribuição dos impactos ambientais deixa muito evidente que a compreensão dos problemas ambientais como "democráticos" também é falaciosa.

Partindo da premissa de que os mais atingidos pelos impactos ambientais são os mais vulnerabilizados, a ideia de vulnerabilidade pode ser entendida como estar propenso ou suscetível a danos ou prejuízos. Contudo, é preciso incrementar essa noção de vulnerabilidade, concebendo-a como as características de uma pessoa ou grupo em relação à sua capacidade de antecipar, sobreviver, resistir e recuperar-se ante uma ameaça causada por outro ou outros. Nesse caso, a vulnerabilidade tem um recorte de classe e de estrutura de domínio em que há uma maior exposição dos empobrecidos a processos físicos adversos, evidenciando a interferência das regras de funcionamento da sociedade (Blaikie et al., 2005; Pigeon, 2002).

Na camada social mais vulnerabilizada, claramente temos a abertura de análise pelo prisma do racismo, da xenofobia e do sexismo, que, na articulação com os problemas ambientais, remete-nos a injustiças e racismo ambientais. Mais especificamente em relação ao racismo ambiental, termo cunhado no final da década de 1980 nos Estados Unidos, ressalta-se a recorrência de impactos na vida de pessoas negras em eventos em várias partes do mundo.

Seja em deslizamentos, enchentes e secas prolongadas, seja em resultados deletérios da mineração ou da exposição a lixo e a gases tóxicos, o problema do racismo ambiental se faz presente. No entanto, em muitos casos, ele fica escondido ou é subdimensionado.

Não raro, oscila-se entre explicações estritamente físico-naturais ou, o que é mais comum, apresenta-se a questão socioeconômica como o pano de fundo da problemática. Certamente, ela é fator de forte determinação em relação aos que serão mais ou menos afetados pelos impactos ambientais. Porém, não se pode deixar que as questões etnorraciais fiquem submersas e ofuscadas como se fossem irrelevantes. Não é necessária nenhuma lente de aumento poderosa para que se perceba que os impactos ambientais têm cor.

Considerando esse contexto, o presente capítulo aborda o desastre ocorrido na barragem de Brumadinho (MG), em 2019, que vitimou 272 pessoas, na maioria pretos e pardos. Como é sabido, apesar da importância da mineração para a economia do país, esta se caracteriza como uma atividade de altíssimo impacto ambiental, exigindo normas rígidas de controle para minimizar os riscos de acidentes que resultem em tragédias como a vista em Brumadinho.

Não cabe aqui a discussão sobre as negligências que levaram a tal tragédia, mas o fato é que a alta vulnerabilidade das pessoas, notadamente pretos e pardos, que tinham sua vida cotidiana a jusante da barragem, criou as condições ideais para a tragédia.

É válido ressaltar, como lembram Valencio et al. (2009), que o risco e a vulnerabilidade — aqui diríamos o alto risco e a alta vulnerabilidade — são as condições basilares para um desastre. Além das mortes diretas pelo deslizamento da lama com o rompimento da barragem, a lama, com minérios e produtos tóxicos em sua composição, também se espalha por uma grande área e traz impactos de maior escala espacial e temporal, já que a destruição física ou por produtos químicos permanece no ambiente por longo tempo. Esse segundo momento, tão grave quanto o primeiro, reforça a identificação do racismo ambiental ao se observar certo descaso com a população afetada, quando não há reparação do dano ou esta acontece de maneira aquém do que realmente se necessita e pela morosidade nas respostas e ações.

Para o desenvolvimento deste trabalho, buscaram-se dados sobre a tragédia/crime utilizando-se o Censo Demográfico 2010, do Instituto Brasileiro de Geografia e Estatística (IBGE), a fim de identificar o perfil demográfico, sobretudo relativo a raça e cor, tendo como base territorial os setores censitários da área afetada pelo deslizamento da lama proveniente do rompimento da barragem.

O capítulo está dividido em duas partes. A primeira trata de aspectos gerais do racismo ambiental e oferece reflexões concernentes a essa temática, instalada nas clivagens do racismo brasileiro, e ao alto impacto ambiental decorrente das atividades, atrelado a um modelo econômico retrógrado, mas presente e forte no país. A segunda parte traz dados empíricos da tragédia/crime e uma breve análise deles.

A expropriação do espaço e o racismo ambiental

Uma questão de fundo — e premissa básica a ser considerada quando falamos de injustiças e racismo ambientais — é a aceitação de que existem problemas ambientais crescentes em uma escala exponencial e que os resultados deletérios desse aumento recaem de forma brutalmente superior na população negra, indígena e em grupos de maior vulnerabilidade socioeconômica.

A poluição e outros impactos ambientais, em suas diversas formas, se apresentam como um desafio político, econômico e social de difícil solução, pois envolvem múltiplos atores que disputam os recursos naturais e os espaços territoriais e criam tensões e movimentos antagônicos em busca do domínio de recursos e do espaço — ambos escassos, porém vitais.

O uso dos recursos naturais segue uma racionalidade instrumental que tem causado grande impacto no meio físico-natural, alguns dos quais irreversíveis, e, dada a natureza desigual das relações sociais, a apropriação e a expropriação do espaço e dos recursos naturais mostram-se como duas faces de um mesmo processo gerador de efeitos que recaem de forma desigual nos diferentes segmentos da sociedade. Por um processo de desenvolvimento econômico que sobrepõe o crescimento da economia a outros aspectos da vida social, é notório o estabelecimento de uma lógica que relega aos mais empobrecidos e vulnerabilizados da sociedade uma carga desproporcional dos problemas ambientais, sendo os resultados positivos das operações apropriados por uma pequena camada privilegiada da sociedade. Como destaca Acselrad (2006a), existe uma clara sobreposição de carências para os mais pobres e marginalizados e sobreposição de privilégios para os mais ricos na sociedade, o que fortalece um sistema de exclusão social.

Dada essa realidade desproporcional, em relação à carga recebida de problemas ambientais, resultantes de um processo histórico de atividades econômicas e sociais excludentes, é evidente um quadro de injustiça socioambiental e de racismo ambiental (Bullard, 2004; Paixão, 2004; Pellow, 2006), uma vez que há forte relação entre esses problemas socioambientais e as características etnorraciais das populações afetadas.

Tomando como base a definição de injustiças e racismo ambientais elaborada por Pacheco (2008, p. 11), temos que

> racismo ambiental [vincula-se] às injustiças sociais e ambientais que recaem de forma implacável sobre etnias e populações mais vulneráveis. O racismo ambiental não se configura apenas por ações que tenham uma intenção racista, mas, igualmente, por ações que tenham impacto “racial”, não obstante a intenção que lhes tenha dado origem.

Ou seja, independentemente da intenção, as injustiças e o racismo ambientais configuram-se no espaço como um sistema de exclusão histórico e socialmente estruturado, ligado ao racismo brasileiro. Portanto, temos um espaço e um tempo em sua configuração que não podem ser dissociados, muito menos ignorados. A formação socioespacial, amalgamada com a formação sócio-histórica, projeta o racismo ambiental brasileiro a um patamar de criação de espaços de morte, morbidez permanente e, não raro, desesperança.

Para Filgueira (2021), o racismo ambiental passa pela negação da cidadania e pela materialização da biopolítica. O autor salienta que a negação da cidadania está identificada como um vácuo de direitos civis, políticos e sociais, dando destaque para a negação de direitos sociais, ou a forte limitação desses direitos para populações específicas — aqui destacamos negros e indígenas. Como direitos sociais básicos, conforme a própria Constituição Federal

Brasileira de 1988 trata em seu art. 6º, entende-se um conjunto de direitos elementares que dão suporte à vida.

Reproduzindo o art. 6º da Constituição Federal, damos destaque à negação da moradia no contexto de produção e reprodução do espaço mercantilizado, o qual entendemos ser umas das raízes profundas da potencialização das vulnerabilidades, dos impactos ambientais e do consequente racismo ambiental. Como desdobramento, a negação de direitos sociais elementares, conforme o autor supracitado, resulta em uma biopolítica que, ao não defender a vida, leva à morte. "O racismo ambiental, visto como privação étnico-espacial de cidadania, é uma extensão da biopolítica" (Filgueira, 2021, p. 193). Por certo que poderíamos avançar aqui em uma discussão sobre necropolítica e sua conformação no racismo ambiental, porém isso escapa do escopo deste capítulo.

Em Orsi (2009), tratamos a questão do espaço-tempo do racismo ambiental por um prisma no qual o pacto intrageracional (espaço) e intergeracional (tempo), fortemente presente no conceito de desenvolvimento sustentável, deve ser visto com cuidado, sobretudo quando o segundo supera o primeiro, deslocando para o futuro em longo prazo os resultados das propostas e ações que têm impacto positivo nos problemas ambientais e, sobretudo, na imprecisão das formas como os mais vulneráveis serão beneficiados por tais ações.

Se o pacto intergeracional não for capaz de melhorar a condição de vida e a exposição aos riscos da camada mais vulnerável da sociedade — negros (pretos e pardos) e indígenas —, a proteção da natureza e a sustentabilidade sistêmica do planeta em nada, ou muito pouco, dialoga com o combate ao racismo ambiental. Obviamente, tais questões não foram resolvidas dentro de um proposto pacto intrageracional, ou seja, aqui e agora. Infelizmente, o racismo ambiental é um fato dentro de inúmeras tragédias ambientais brasileiras.

No processo de produção e reprodução do espaço, seu uso e sua ocupação são restritos, logo, excludentes. Um espaço é desejado ou indesejado de acordo com um conjunto de características naturais e/ou socialmente criadas — estas entendidas de forma bastante ampla, considerando desde objetos técnicos implantados no território até estigmas criados sobre diferentes espaços —, de modo que esse espaço apresenta maior valor enquanto mercadoria ou é desvalorizado.

O desejável e o indesejável andam *pari passu* na produção do espaço capitalista, e o mercado tem papel importante em seu uso e ocupação e sobre quais grupos terão acesso a um ou a outro. *Grosso modo*, as melhores e as piores localizações são definidas, de um lado, por suas potencialidades econômicas e diferentes amenidades e, de outro, pelos perigos associados de diversas origens e dinâmicas. Em ambos os casos, a distribuição desses espaços — desejados e indesejados — é dominada por agentes cuja influência sobre as dinâmicas espaciais são muito fortes, para não dizer determinantes.

Nem sempre a localização ótima do ponto de vista econômico o é do ponto de vista social. Tão menos a localização ótima em curto prazo o é em longo prazo, como explica Harvey (1985). Faz-se necessário, então, discutir ao mesmo tempo a apropriação desigual do espaço e a distribuição da poluição e dos impactos ambientais de maneira geral, a qual comumente afeta de forma mais interespaço-temporal.

Para Moreira (2010, p. 62), "[...] por detrás de todo arranjo espacial estão relações sociais, que nas condições históricas do presente são relações de classes". Essa constatação em nada diminui a importância das características físico-naturais das diferentes localidades geográficas e da sua relevância na caracterização do espaço. No entanto, a ação humana, com o desenvolvimento técnico-científico, transforma a natureza e fixa no espaço objetos técnicos, verdadeiras próteses espaciais, conforme Santos e Silveira (2006), e forma um sistema de objetos e ações (Santos, 2008) que altera toda a dinâmica natural e a própria dinâmica social estabelecida. Essas ações não são aleatórias e seguem uma lógica social instrumentalizada em seu estabelecimento.

Com tal lógica, dominamos o espaço e criamos estruturas e territorialidades, sendo então o espaço "[...] uma das categorias da existência material da totalidade das relações sociais" (Lipietz, 1988, p. 26).

Entendendo, como Carlos (1999), que, nas relações capitalistas de produção do espaço, os valores de uso cedem lugar aos valores de troca, a lógica de apropriação do espaço segue os ditames do mercado. Ao lado da apropriação que se estabelece de maneira desigual, atendendo a interesses mercadológicos de reprodução do capital, acontece a expropriação de parcela significativa da população.

Sem o direito de escolha pelo poder aquisitivo, o que lhe resta é a ocupação de áreas cujas características socioterritoriais, quando não são as piores possíveis, estão muito aquém das condições mínimas de qualidade de vida e dignidade para sua sobrevivência.

Essas áreas são facilmente identificáveis como ocupações em encostas de morros sujeitos a deslizamentos, fundos de vale suscetíveis a inundações, áreas contaminadas por produtos químicos e diferentes formas de lixo. Todas apresentam grandes e variados tipos de risco às pessoas que as ocupam, tornando-as mais vulneráveis ao "azar". Entendemos o azar como um evento que concretiza o risco, ou seja, é a realização, o acontecer do perigo.

Marandola Junior e Hogan (2004) fazem uma significativa discussão sobre esses conceitos, que de fato são operacionais e importantes tanto para o debate teórico e conceitual como para a formulação de políticas públicas que diminuam os riscos e evitem o azar.

Por óbvio, o espaço é um campo de conflitos, no qual os antagonismos ganham notoriedade, bem como as assimetrias de poder. Ao tratar do espaço para além do campo de conflitos, Corrêa (2001) destaca que o espaço é fragmentado, articulado, reflexo e condição social e, ainda, campo simbólico. A compreensão e o enfrentamento das injustiças e do racismo ambiental requerem uma leitura espacial e a apreensão de sua estruturação desigual por um modo de produção que se refaz nas desigualdades, com resultados que são distribuídos de maneira seletiva em diferentes intensidades, tanto de maneira quantitativa como qualitativa entre a população, nitidamente respeitando cor-etnia-raça, gênero e classe social.

Em geral, os mais atingidos são os grupos mais fragilizados da sociedade, sejam eles negros, indígenas e/ou empobrecidos — todos marginalizados em uma sociedade racista e classista como a brasileira. A menor mobilidade espacial e a menor capacidade de escolha dos locais onde irá estabelecer moradia, deslocar-se cotidianamente, desenvolver atividades profissionais ou recuperar-se de um desastre impele parte dessa população a conviver com inúmeros e diversificados problemas sociais crônicos que apresentam uma faceta a mais quando se passa a considerar os impactos causados nos sistemas naturais do planeta.

O desagradável, o indesejável, o feio, o sujo e o perigoso, todos resultantes do próprio processo de desenvolvimento — calcado sobretudo no crescimento econômico —, devem ser isolados, afastados, invisibilizados para toda a sociedade. Dessa maneira, diferentes grupos, já marginalizados e fragilizados, recebem uma carga de problemas ambientais que variam de lixo tóxico a inundações, de desmoronamentos a poluição atmosférica.

A carga de problemas é distribuída de forma desproporcional entre os distintos grupos sociais, uma vez que o gerador dos problemas não necessariamente será o mais afetado. Ao contrário, os que menos têm contribuído para a geração dos impactos são aqueles que mais têm sofrido com seus desdobramentos. Percebemos, portanto, como argumenta Acselrad (2006a), que uma superposição de problemas econômicos, socioculturais e ambientais recai sobre a mesma população marginalizada (preta, parda, indígena, pobre).

Por mais que se tente esconder essa dinâmica de segregação, depleção da natureza e distribuição desigual de agentes nocivos à reprodução da vida — em seu sentido mais amplo —, de momento em momento todos eles eclodem e deixam ainda mais evidentes os sérios problemas estruturais que a sociedade enfrenta.

Injustiças e racismos ambientais são criados e produzidos pela sociedade, na medida em que ela reproduz o seu espaço e se reproduz nele. Guattari (apud Herculano, 1992) defende que os problemas ecológicos nos mostram uma progressiva deterioração dos modos de vida e que, apesar dos avanços tecnológicos, a sociedade não tem conseguido se apropriar da tecnologia e operá-la no sentido de resolver os problemas socioambientais. Concordando com o autor supracitado, consideramos que as injustiças e o racismo ambiental, apesar da forte conotação ambiental, são sobretudo um problema social, estabelecido de relações assimétricas de poder que o reproduzem.

A reprodução não acontece sem questionamentos. Há inúmeros conflitos em torno da problemática das injustiças e dos racismos ambientais, que se desenvolvem no bojo de um amplo debate sobre a crise ambiental no mundo contemporâneo e das lutas por direitos sociais. Reivindicar melhor qualidade de vida, lugares salubres, limpos, saneados, dignos para sua reprodução social é algo legítimo e necessário, inclusive como processo de reparação de um acúmulo histórico de desigualdades, devendo, portanto, fazer parte da dinâmica social.

Nesse conjunto de reivindicações e questionamentos, faz-se necessária a ponderação do espaço e de como os diferentes agentes econômicos têm se utilizado dele em uma distribuição desigual do ônus do modelo de crescimento econômico. Trata-se então de questionar, de uma só vez, o modelo socioeconômico e o uso dos elementos naturais do planeta, tendo-se como referência esse modelo de desenvolvimento.

Ao discutir as injustiças e os racismos ambientais, entende-se o espaço como o lugar de vida cotidiana das pessoas, mas também como um recurso para agentes econômicos. Essas duas realidades não são dissociadas e o conflito pelo uso é intenso. Porém, nesse embate os interesses econômicos parecem se sobressair, e o local de vivências das pessoas é atravessado por ações que não se identificam com elas. Ao contrário, é local de uma funcionalidade perversa, a de deposição de rejeitos ou qualquer outro elemento indesejado, que em certo sentido "rouba" a vida de determinados grupos humanos, seja por lhes impor a morte precoce, seja por reduzir sua perspectiva de realizar-se no futuro.

O caso do rompimento da Barragem I da Mina Córrego do Feijão, em Brumadinho (MG)

Em 25 de janeiro de 2019, ocorreu o rompimento da Barragem I da Mina Córrego do Feijão, no município de Brumadinho (MG). Esse desastre liberou 12 milhões de metros cúbicos de lama composta por rejeitos de mineração na bacia do rio Paraopeba. A lama matou 272 pessoas, percorreu 300 quilômetros rio abaixo, atingiu 18 municípios, afetou quase um milhão de pessoas e provocou grandes danos ao meio ambiente (Câmara dos Deputados, 2019).

A área afetada corresponde ao espaço social, transformado compulsoriamente pela deposição de lama com dejetos, em um processo permanente ou temporário, com impactos socioambientais que alteram ou impedem práticas sociais anteriores (Milanez et al., 2019).

Para explicitar qual é a população presente na área afetada, foi usada a menor divisão do Instituto Brasileiro de Geografia e Estatística (IBGE): o setor censitário. Existe o problema metodológico de os setores censitários agregarem áreas para além das margens dos corpos hídricos afetados, ou seja, não corresponderem exatamente à área afetada pelo desastre, dado que o setor censitário é construído por outros critérios próprios à metodologia dos censos do IBGE.

Contudo, é a melhor informação disponível e permite a construção e a consideração dos atingidos, não somente como aqueles que moram próximo aos corpos hídricos afetados, mesmo que tenham sofrido mais com o desastre, mas como aqueles cujas práticas sociais tenham se rompido em virtude do desastre (Milanez et al., 2019; Chade, 2019; Valencio et al., 2009).

A tabela 1 traz o perfil da população residente nos setores censitários afetados pelo desastre na Mina Córrego do Feijão.

Tabela 1. Proporção de pretos e pardos, percentual de área do município e área afetada pelo desastre da barragem do Córrego do Feijão por setores censitários do município de Brumadinho (MG)

Proporção de pretos e pardos (%)	Área do município (%)	Área afetada (%)
10-20	0,82	0,00
20-30	0,00	0,00
30-40	1,16	0,16
40-50	19,57	26,34
50-60	31,32	15,20
60-70	35,68	57,88
70-80	4,87	0,41
80-90	0,17	0,00
Sem dados	6,39	0,00

Fonte: Chade, 2019, p. 51.

Como é possível avaliar na tabela 1, o desastre da barragem do Córrego do Feijão atingiu, majoritariamente, a população preta e parda. Conforme dados apresentados, o município de Brumadinho tem setores censitários com 60% a 80% de pretos e pardos residindo em 40,55% da área do município. O desastre da Barragem I afetou uma área de 58,29% com 60% a 80% de pretos e pardos. As pessoas atingidas representam 63,8% de população não branca e 36,2% de população branca, segundo cálculo de Milanez et al. (2019) a partir de sete setores censitários mais próximos à Barragem I.

Chade (2019) argumenta que a renda dos moradores dos setores censitários afetados, mostrados na figura 1, é inferior à renda média do município. Nessa situação, a vulnerabilidade social e a vulnerabilidade ambiental estão associadas à vulnerabilidade socioambiental (Alves e Torres, 2006). Articula-se com essa questão o fato de que, na área afetada, a maior parcela da população é de pretos e pardos, o que aponta para uma vulnerabilidade socioeconômica e ambiental agregada à dimensão étnico-racial. Ou seja, o racismo ambiental mostra-se presente na questão analisada.

É preciso compreender a vulnerabilidade como uma relação socialmente produzida por práticas e políticas institucionais, passadas e presentes, que deixam mais expostos a riscos determinados grupos. Indo além, é necessário identificar esses processos, e também práticas político-sociais que protejam esses grupos (Blaikie et al., 2005; Acselrad, 2006b; Valencio et al., 2006).

Reconhecer a existência da injustiça e do racismo ambiental significa colocar na agenda pública o debate para reduzir a vulnerabilidade das pessoas nessas condições, e isso só será feito mediante uma disputa discursiva entre três atores sociais — 1) o Estado; 2) os movimentos sociais; e 3) outros (como empresas ou organismos multilaterais) — para designar quem são os vulnerabilizados (Acselrad, 2006b).

Alguns acordos internacionais visam promover avanços na gestão de riscos e desastres. O documento do Marco de Ação de Sendai para a Redução do Risco de Desastres 2015-2030, adotado pelos participantes da Terceira Conferência Mundial da Organização das Nações Unidas (ONU) sobre o tema, realizada em março de 2015 na cidade de Sendai, no Japão, expressa o compromisso com esse objetivo por meio da

> implementação de medidas econômicas, estruturais, jurídicas, sociais, de saúde, culturais, educacionais, ambientais, tecnológicas, políticas e institucionais integradas e inclusivas que previnam e reduzam a exposição a perigos e a vulnerabilidade a desastres, aumentem a preparação para resposta e recuperação, e, assim, aumentem a resiliência. (ENURRD, 2015, p. 12)

Mesmo sem tocar na temática do racismo ambiental, o Marco de Sendai reconhece a injustiça ambiental ao estabelecer que

> [a] redução do risco de desastres exige engajamento e cooperação de toda a sociedade. Exige, também, empoderamento e participação inclusiva, acessível e não discriminatória, com especial atenção para as pessoas desproporcionalmente afetadas por desastres, especialmente os mais pobres. (ENURRD, 2015, p. 12)

Em setembro de 2015, líderes mundiais reuniram-se na sede da ONU, em Nova York, e traçaram um plano de ação para erradicar a pobreza, proteger o planeta e garantir que as pessoas alcancem a paz e a prosperidade: a Agenda 2030 para o Desenvolvimento Sustentável, que abarca 17 Objetivos de Desenvolvimento Sustentável (ODS). A Agenda 2030 está vinculada ao Marco de Sendai no ODS 11: "Tornar as cidades e os assentamentos humanos inclusivos, seguros, resilientes e sustentáveis". Contudo, o desafio aqui é compreender os desastres em toda a sua dimensão social, ambiental e econômica, vislumbrando seu aspecto sistêmico, integrado e complexo, inerente aos processos sociais que constituem o espaço e, portanto, materializam suas contradições e dinâmicas, as quais provocam danos materiais e imateriais evitáveis e minimizáveis.

Considerações finais

Indiscutivelmente, as atividades de mineração estão entre as que causam maior impacto na natureza. Dada sua magnitude e sua "agressividade", os riscos inerentes a essa atividade econômica são sempre vultosos, exigindo sistemas de segurança e controle rígidos para minimizar qualquer tipo de acidente com resultados danosos ao meio ambiente, mas, sobretudo, para preservar a vida das pessoas que estão na área de influência das operações.

Infelizmente, por um conjunto de fatores, nem sempre as catástrofes são evitadas, causando inúmeras mortes e grande destruição que permanecem por médio e longo prazos. O tempo e o espaço configurados por processos sócio-históricos criam relações sociais e uma formação socioespacial segregadora e desigual. Nesse contexto, são gestados espaços de desesperança e de morte, em que a invisibilidade social do sofrimento e o silenciamento de demandas são características centrais para manter tudo como está.

Como vimos, o racismo ambiental é parte de um arranjo sistêmico que se apresenta na superfície como um resultado importante dessa equação de pobreza, mas esse empobrecimento da população negra e indígena está associado a outros racismos endêmicos na sociedade brasileira. Assim, com os racismos e a escalada de problemas ambientais importantes, fruto do modelo socioeconômico imperante (que, apesar de gerar riqueza, não a distribui), os avanços no campo social, ainda que existentes, têm se mostrado insuficientes para superar as injustiças e as violências etnorraciais no Brasil. Isso fica muito claro quando se observa um conjunto de tragédias de cunho socioambiental e se constata que os maiores afetados são os negros.

Esses processos sociais que passam pela construção do espaço e cristalizam desigualdades são perversos ao passo que reforçam, criam, mantêm ou escondem vulnerabilidades socioambientais. Como o racismo ambiental é um aspecto intrínseco ao processo de desenvolvimento brasileiro, o modelo de desenvolvimento deve ser orientado por um novo paradigma que consiga, de fato, diminuir as vulnerabilidades socioambientais.

Obviamente, há alguns avanços, como orientações e esforços em direção a outro paradigma de desenvolvimento, como é o caso da Agenda 2030 da ONU, da qual o Brasil é signatário. Apesar da importância trazida por esse documento e dos compromissos que se desdobram em um conjunto de ações por ele balizadas, o quadro geral não inspira visões muito otimistas.

Mesmo com avanços nas últimas décadas, com políticas voltadas para o combate ao racismo e para a reparação histórica de problemas a ele vinculados, além das discussões e ações em torno da problemática ambiental, uma gestão de riscos de desastres no Brasil que incorpore o racismo ambiental ainda é pouco debatida na agenda pública. É preciso ampliar o debate nesse sentido para promover mudanças urgentes que protejam as populações que sofrem com a injustiça e com o racismo ambiental.

Como vimos, o caso de Brumadinho é muito elucidativo dessa questão. Apontando para um encerramento, ainda que provisório, entendemos que há subsistemas articulados que criam condições, fortalecem e ampliam a vulnerabilidade, favorecendo o "azar" e consolidando o racismo ambiental incrustado em nossa sociedade. Cabe destacar que, ao fazermos referência a subsistemas, não trazemos uma visão mecanicista (e de certa forma reducionista) do problema, mas apontamos para um conjunto de fatores articulados que, mais do que aditivos, são transformadores.

Assim, a crise ambiental, entendida como multifatorial, apresenta dimensões dentre as quais se destacam: a social, a ecológica, a política, a econômica, a tecnológica e a cultural. Portanto, trata-se de uma problemática de altíssima complexidade.

O caso de Brumadinho articula todas essas dimensões, que, de fato, podem ser pensadas como subsistemas interligados que, ao interagirem, potencializam o racismo ambiental.

Nesse sentido, um conjunto de ações faz-se essencial e urgente em diferentes campos e com diferentes intensidades. A tragédia de Brumadinho aqui destacada apenas elucida uma questão muito mais ampla, que envolve toda a estrutura social e econômica do país, sendo necessário, portanto, um campo de ação abrangente que conte com o envolvimento de múltiplos atores sociais e com esforços articulados para superá-la.

É preciso ter clareza sobre qual é a responsabilidade e quais são os papéis do Estado, da esfera privada da economia e da sociedade civil nesse processo. É evidente que as responsabilidades são compartilhadas e desiguais, sobretudo com as assimetrias de poder estabelecidas. No entanto, é evidente também que o papel da sociedade civil é essencial — e esta deve se fazer presente, pautando suas demandas, discutindo encaminhamentos, formando grupos de pressão e tomando para si um protagonismo em torno da problemática do racismo ambiental, pois é pouco provável que esse protagonismo emane do setor privado ou do próprio Estado.

Referências bibliográficas

ACSELRAD, Henri. "Tecnologias sociais e sistemas locais de poluição". *Horizontes Antropológicos*, Porto Alegre, v. 12, n. 25, jan.-jun. 2006a, p. 117-38. Disponível em: https://www.scielo.br/j/ha/a/6YXgB9PSJ54fTTcnxrqJmbv/?lang=pt. Acesso em: 15 ago. 2023.

______. "Vulnerabilidade ambiental, processos e relações". *II Encontro Nacional de Produtores e Usuários de Informações Sociais, Econômicas e Territoriais*, FIBGE, Rio de Janeiro, 2006b.

ALVES, Humberto P. da F.; TORRES, Haroldo G. "Vulnerabilidade socioambiental na cidade de São Paulo: uma análise de famílias e domicílios em situação de pobreza e risco ambiental". *São Paulo em Perspectiva*, São Paulo, v. 20, n. 1, jan.-mar. 2006, p.44-60. Disponível em: http://produtos.seade.gov.br/produtos/spp/index.php?men=rev&cod=5072. Acesso em: 28 ago. 2023.

BLAIKIE, Piers; CANNON, Terry; DAVIS, Ian; WISNER, Ben. *At risk: natural hazards, people's vulnerability and disasters*. Londres; Nova York: Routledge; Taylor & Francis e-Library, 2005.

BRASIL. [Constituição (1988)]. Constituição da República Federativa do Brasil. Brasília, DF: Senado Federal, 2016. 496 p. Disponível em: https://www2.senado.leg.br/bdsf/bitstream/handle/id/518231/CF88_Livro_EC91_2016.pdf. Acesso em: 28 ago. 2023.

BULLARD, Robert Doyle. "Enfrentando o racismo ambiental no século XXI". In: ACSELRAD, Henri; HERCULANO, Selene; PÁDUA, José Augusto (orgs.). *Justiça ambiental e cidadania*. Rio de Janeiro: Relume Dumará, 2004, p. 41-68.

CÂMARA DOS DEPUTADOS. *Relatório final da Comissão Parlamentar de Inquérito do Rompimento da Barragem de Brumadinho*. Brasília: Câmara dos Deputados, 2019.

CARLOS, Ana Fani Alessandri. "O consumo do espaço". In: CARLOS, Ana Fani Alessandri et al. (orgs.). *Novos caminhos da geografia*. São Paulo: Contexto, 1999, p. 173-86.

CHADE, Maria Cristina Francheschini. *Estudo da injustiça ambiental associado a desastres de larga escala no Brasil*. Monografia (Graduação em Engenharia Ambiental) — Escola de Engenharia de São Carlos, Universidade de São Paulo, São Carlos, 2019.

CORRÊA, Roberto Lobato. "O espaço urbano: notas teórico-metodológicas". In: *Trajetórias geográficas*. Rio de Janeiro: Bertrand Brasil, 2001, p. 145-52.

ENURRD — Escritório das Nações Unidas para Redução de Risco de Desastres. *Sendai framework for disaster risk reduction 2015-2030*. Genebra, 2015. Disponível em: https://www.unisdr.org/files/43291_sendaiframeworkfordrren.pdf. Acesso em: 30 set. 2020.

FILGUEIRA, Andre Luiz de S. "Racismo ambiental, cidadania e biopolítica: considerações gerais em torno de espacialidades racializadas". *Ateliê Geográfico*, Goiânia, v. 15, n. 2, ago. 2021, p. 186-201. Disponível em: https://revistas.ufg.br/atelie/article/view/69990. Acesso em: 3 abr. 2023.

HARVEY, David. "Justicia social y sistemas espaciales". In: *Urbanismo y desigualdad social*. Madri: Siglo XXI, 1985, p. 97-121.

HERCULANO, Selene. "Do desenvolvimento (in)suportável à sociedade feliz". In: GOLDENBERG, Miriam (coord.). *Ecologia, ciência e política*. Rio de Janeiro: Revan, 1992, p. 9-48.

LIPIETZ, Alain. *O capital e seu espaço*. São Paulo: Nobel, 1988.

MARANDOLA JR., Eduardo; HOGAN, Daniel Joseph. "Natural hazards: o estudo geográfico dos riscos e perigos". *Ambiente e Sociedade*, São Paulo, v. 7, n. 2, 2004, p.

95-110. Disponível em: https://doi.org/10.1590/S1414-753X2004000200006. Acesso em: 10 abr. 2023.

MILANEZ, Bruno et al. “Minas não há mais: avaliação dos aspectos econômicos e institucionais do desastre da Vale na bacia do rio Paraopeba”. *Versos — Textos para Discussão PoEMAS*, Juiz de Fora, v. 3, n. 1, 2019, p. 1-114. Disponível em: http://dx.doi.org/10.13140/RG.2.2.19503.38566. Acesso em: 21 ago. 2023.

MOREIRA, Ruy. *Pensar e ser em geografia*: ensaios de história, epistemologia e ontologia do espaço. São Paulo: Contexto, 2010.

ORGANIZAÇÃO DAS NAÇÕES UNIDAS — ONU. *A agenda 2030 para o Desenvolvimento Sustentável.* Disponível em: https://brasil.un.org/pt-br/91863-agenda-2030-para-o-desenvolvimento-sustent%C3%A1vel. Acesso em: 10 mar. 2023.

ORSI, Rafael A. “Espaço-tempo da (in)justiça ambiental”. *Geografia*, Rio Claro, v. 34, n. 1, jan.-abr. 2009, p. 33-44.

PACHECO, Tania. “Racismo ambiental: expropriação do território e negação da cidadania”. In: SUPERINTENDÊNCIA DE RECURSOS HÍDRICOS (org.). *Justiça pelas águas*: enfrentamento ao racismo ambiental. Salvador: SRH, 2008, p. 11-23.

PAIXÃO, Marcelo. “O verde e o negro: a justiça ambiental e a questão racial no Brasil”. In: ACSELRAD, Henri; HERCULANO, Selene; PÁDUA, José Augusto (orgs.). *Justiça ambiental e cidadania*. Rio de Janeiro: Relume Dumará, 2004, p. 159-68.

PELLOW, David N. “Social inequalities and environmental conflict”. *Horizontes Antropológicos*, Porto Alegre, v. 12, n. 25, jan.-jun. 2006, p. 15-29. Disponível em: https://doi.org/10.1590/S0104-71832006000100002. Acesso em: 15 ago. 2023.

PIGEON, Patrick. “Réflexions sur le notions et les methods em géographie des risque dits naturels”. *Annales de Géographie*, n. 627-8, 2002, p. 452-70.

SANTOS, Milton. *A natureza do espaço*: técnica e tempo, razão e emoção. São Paulo: Edusp, 2008.

SANTOS, Milton; SILVEIRA, Maria Laura. *O Brasil:* território e sociedade no início do século XXI. Rio de Janeiro: Record, 2006.

VALENCIO, Norma Felicidade Lopes da Silva et al. “Implicações éticas e sociopolíticas das práticas de Defesa Civil diante das chuvas: reflexões sobre grupos vulneráveis e cidadania participativa”. *São Paulo em Perspectiva*, v. 20, n. 1, 2006, p. 96-108.

VALENCIO, Norma Felicidade Lopes da Silva et al. (orgs.). *Sociologia dos desastres*: construção, interfaces e perspectivas no Brasil. São Carlos: Rima, 2009. v. 1.

Os autores

Antonio Carlos Lopes Petean

Professor do Instituto de Ciências Sociais, na Universidade Federal de Uberlândia (UFU), e doutor em Sociologia pela Universidade Estadual Paulista "Júlio de Mesquita Filho" (Unesp-Araraquara). É autor dos livros *Ensaios sobre a barbárie no pensamento de Edgar Morin* (2015) e *Condenados corpos negros e outros poemas* (2020).

Dagoberto José Fonseca

Livre-docente em Antropologia Brasileira e professor de Antropologia da Faculdade de Ciências e Letras da Universidade Estadual Paulista "Júlio de Mesquita Filho" (Unesp-Araraquara). Pós-doutor em Educação pela Universidade Estadual de Campinas (Unicamp), doutor, mestre, bacharel e licenciado em Ciências Sociais pela Pontifícia Universidade Católica de São Paulo (PUC-SP). Criador e coordenador da coleção África Presente! Negritude e luta antirracista (Selo Negro), coordenador do Centro de Estudos das Culturas e Línguas Africanas e da Diáspora Negra (Cladin-Unesp) e coordenador científico do Núcleo Negro para Pesquisa e Extensão Universitária (Nupe-Unesp).

Denize Ornelas Pereira Salvador de Oliveira

Médica de Família e Comunidade, sanitarista e mestre em Saúde da Família pela Universidade Federal de São Paulo (Unifesp). Especialista em Terapia Sistêmica de Casal e Família pela Pontifícia Universidade Católica de São Paulo (PUC-SP). Docente da graduação em Medicina da Universidade Municipal de São Caetano do Sul (USCS-Bela Vista) e da Universidade Nove de Julho (Uninove-São Bernardo do Campo). É médica no Laboratório Clínico do Hospital Israelita Albert Einstein.

Érica Pugliesi

Docente do Departamento de Ciências Ambientais e do Programa de Pós-Graduação em Ciências Ambientais da Universidade Federal de São Carlos (UFSCar). Atualmente, é secretária-geral de Gestão Ambiental e Sustentabilidade da UFSCar.

Isadora Brandão Araujo da Silva

Defensora pública do Estado de São Paulo, assumiu em 2023 o cargo de secretária nacional de Promoção e Defesa dos Direitos Humanos, do Ministério dos Direitos Humanos e da Cidadania do Brasil. Coordenou o Núcleo Especializado de Defesa da Diversidade e da Igualdade Racial e foi assessora do Departamento de Monitoramento e Fiscalização do Sistema Carcerário e do Sistema de Execução de Medidas Socioeducativas do Conselho Nacional de Justiça. É mestre e doutoranda em Direitos Humanos pela Faculdade de Direito da Universidade de São Paulo (USP) e docente do projeto Incluir Direito, da USP.

Juliano Costa Gonçalves

Tem graduação em Ciências Sociais, mestrado em Desenvolvimento Econômico, Espaço e Meio Ambiente e doutorado em Ciências Ambientais. É professor do Departamento de Ciências Ambientais da Universidade Federal de São Carlos (UFSCar), com atuação na graduação e na pós-graduação.

Julie Lourau

Doutora em Antropologia Social e Etnologia pela École des Hautes Études en Sciences Sociales, da França, é professora do Programa de Pós-Graduação de Políticas Sociais e Cidadania na Universidade Católica do Salvador (UCSal) e líder do grupo de pesquisa Antropologia, Fronteiras, Espaços e Cidadania (Afec-UCSal/CNPq). Atua como pesquisadora convidada no Laboratoire des Sciences Sociales du Politique, do Sciences Politique Toulouse, da Université Toulouse 1 Capitole, e como consultora do Institut de Formation, Recherche, Animation, Sanitaire et Social, ambos em Toulouse, na França. Sua área de interesse é o campo interdisciplinar das relações etnorraciais, com estudos e pesquisas sobre comércio de rua, festas, direitos culturais, periferias, juventudes, ativismo cultural, racismo, antirracismo, epistemologias críticas e decoloniais.

Julio Cesar de Tavares

Professor titular de Antropologia da Universidade Federal Fluminense (UFF) e professor do doutorado em Estudios Culturales da Universidad Andina Simón Bolivar (UASB), no Equador. Dirige o Laboratório de Etnografia e Estudos em Comunicação, Cultura e Cognição da UFF e o Laboratório Estudos Negros do Programa Avançado de Cultura Contemporânea da Universidade Federal do Rio de Janeiro.

Julvan Moreira de Oliveira

Professor do Departamento e do Programa de Pós-Graduação em Educação da Universidade Federal de Juiz de Fora (UFJF), tem mestrado e doutorado em

Educação pela Universidade de São Paulo (USP), especialização em Ciências Sociais (Antropologia, Sociologia e Política) pela Fundação Escola de Sociologia e Política de São Paulo (Fesp-SP) e licenciatura em Filosofia pela Universidade São Francisco (USF). É membro do grupo de trabalho Educação e Relações Etnorraciais (GT 21), da Associação Nacional de Pós-Graduação e Pesquisa em Educação (Anped); cocoordenador do grupo de trabalho Filosofia Africana e Afrodiaspórica, da Associação Brasileira de Pesquisadores Negros (ABPN); cocoordenador do Instituto de Filosofia Africana no Brasil (IFA); e líder do grupo de pesquisa Africanidades, Imaginário e Educação (Anime), da Universidade Federal de Juiz de Fora (UFJF).

Mari Rosa Souza

Assistente social, mestre em Políticas Sociais e Cidadania pela Universidade Católica de Salvador (UCSal/Fapesb), especialista em Saúde Pública com ênfase em Saúde da Família pela Faculdade Método de São Paulo (Famesp) e doutoranda em Ciências Sociais pela Universidade Federal da Bahia (UFBA). É membro do grupo de pesquisa Antropologia, Fronteiras, Espaços e Cidadania (AFEC-UCSal/CNPq) e do comitê editorial da revista *Diálogos Possíveis*, do Centro Universitário Social da Bahia (Unisba). É docente da U:Verse (antiga Faao), no Acre, desde 2021, e atua nas áreas de sustentabilidade e responsabilidade social corporativa.

Maria Cristina Franceschini Chade

Tem graduação em Engenharia Ambiental pela Universidade de São Paulo (USP) e especialização em Gerenciamento de Áreas Contaminadas e Remediação de Áreas Contaminadas pelo Serviço Nacional de Aprendizagem Comercial de São Paulo (Senac-SP). É pós-graduanda em Engenharia Hidrogeológica pela Pontifícia Universidade Católica de Minas Gerais (PUC-Minas).

Rafael Alves Orsi

Tem graduação, mestrado e doutorado em Geografia pela Universidade Estadual Paulista "Júlio de Mesquita Filho" (Unesp-Rio Claro) e livre-docência em Geografia Urbana pela Faculdade de Ciências e Letras (FCLAr) da Unesp--Araraquara, na qual atua como professor associado do Departamento de Ciências Sociais. Está credenciado no Programa de Pós-Graduação em Ciências Sociais e coordena o Núcleo de Estudos e Pesquisa sobre Desenvolvimento Urbano e Ambiental (NEPDUA), ambos da Unesp-Araraquara.

Rita Helena do Espírito Santo Borret

Tem graduação em Medicina pela Universidade Federal do Estado do Rio Janeiro (UniRio), especialização em Medicina de Família e Comunidade e mestrado em Saúde Coletiva pela Universidade Federal do Rio de Janeiro (UFRJ). É doutoranda em Saúde Pública pela Escola Nacional de Saúde Pública Sérgio Arouca, vinculada à Fundação Oswaldo Cruz (ENSP-Fiocruz). Atua como professora substituta do curso de Medicina no Departamento de Atenção Primária da UFRJ e como professora da graduação em Medicina da Universidade Estácio de Sá (Estácio-Presidente Vargas).

Roseane Maria Corrêa

Tem graduação em Enfermagem e Obstetrícia pela Universidade Federal do Rio de Janeiro (UFRJ), mestrado e doutorado em Saúde Pública pela Escola Nacional de Saúde Pública Sérgio Arouca (ENSP-Fiocruz). Atua como professora substituta do Departamento de Enfermagem de Saúde Pública da Faculdade de Enfermagem da Universidade do Estado do Rio de Janeiro (Desp-Facenf--UERJ).

Leia também

As mentiras do Ocidente

Coleção África, presente!
Negritude e luta antirracista, v. 1

Organizador: Dagoberto José Fonseca

Autores: Alexandre de Lourdes Laudino, Bas'Ilele Malomalo, Dagoberto José Fonseca, Denise Dias Barros, Kowawa Kapukaja Apurinã, Kunhã Jeguakai Nhandeva Charrúa (Bruna Lopes Silva), Muryatan Santana Barbosa, Patricio Batsîkama, Renato Noguera, Tatiane Pereira de Souza

Durante séculos, o eurocentrismo científico ajudou a construir uma história baseada em mentiras. Tais mentiras fomentaram — e ainda fomentam — o racismo, a xenofobia, a misoginia e a morte de inúmeros grupos e povos, sobretudo na África e na América. A fim de restituir a verdade, a presente obra aponta novos caminhos teórico-metodológicos que partem da história real do continente africano e da diáspora de sua população. Entre os temas abordados estão:

- a vida e a obra de Ptahhotep, um dos grandes filósofos do Reino Antigo do Kemet (atual Egito);
- as falsas narrativas produzidas pelo pensamento euro-ocidental;
- a formação da democracia nas diversas nações da África;
- os conceitos de unidade e diversidade cultural africana;
- a afroperspectiva como método e teoria;
- o impacto do escravismo e do colonialismo na África;
- a interface entre arte e loucura nos rituais de cura do povo dogon (Mali);
- as lutas dos povos indígenas por seus territórios ancestrais.

ISBN 978-65-998837-1-2

Mulher negra e ancestralidade

Coleção África, presente!
Negritude e luta antirracista, v. 2

Organizadoras: Josildeth Gomes Consorte e Marise de Santana

Autoras: Ana Piedade Armindo Monteiro, Delcirene Videira da Silva, Josildeth Gomes Consorte, Marise de Santana, Piedade Lino Videira, Sónia André, Tatiane Pereira de Souza, Teresa Manjate, Vanda Machado da Silva

Sem esquecer a luta cotidiana e as adversidades que marcam a vida atual das mulheres negras, as autoras deste volume vão buscar na ancestralidade a base para a construção de um futuro permeado de conhecimento, arte, cuidado e justiça social. Assim, apelando para a força de mães de outrora, baseiam suas reflexões em um passado esquecido que, ao se revelar, mostra extrema potência transformadora. Entre os temas abordados neste volume estão:

- práticas ancestrais ligadas à figura feminina em Moçambique;
- a resistência aos casamentos prematuros naquele mesmo país;
- as diferenças entre mulheres negras (brasileiras e africanas) e mulheres eurocentradas;
- a sabedoria das moradoras do Recôncavo Baiano que exercem as profissões de costureiras e vendedoras de acarajé;
- a educação nos terreiros de candomblé, assentada em valores éticos ancestrais;
- a trajetória de professoras alfabetizadoras na educação infantil e nas séries iniciais do ensino fundamental;
- as lutas das mulheres negras no Brasil, nos Estados Unidos, na Europa e no continente africano;
- as mulheres amazônicas que atuam como "servas e empregadas" do Divino Espírito Santo de Mazagão Velho, no Amapá.

ISBN 978-65-998837-2-9